中公新書 2767

山田康弘著

足利将軍たちの戦国乱世

応仁の乱後、七代の奮闘

中央公論新社刊

はしがき

戦国時代には七人の足利《あしかが》将軍が登場した。では、彼らはどこで、何をしていたのだろうか。なぜ京都をしばしば追われながら、すぐに滅亡しなかったのだろうか。また、こうした将軍をふくめた戦国時代の「全体像」は、どのようにイメージしたらよいのだろうか。

本書はこういったことを、広く一般の人びとに知ってもらうために書かれたものである。

なお、ここでは戦国時代のはじまりを「応仁《おうにん》の乱」（一四六七～七七年）からとし、これ以降の約一世紀を戦国時代としておく。したがって本書は、今から四〇〇～五〇〇年もの昔のことについて語ろう、というわけである。さすれば、あるいは次のような疑問が出てくるかもしれない。現代に生きる私たちにとって、このような大昔の、しかも足利将軍について知ることに何の意味があるのか、という疑問である。そこでまずは、戦国時代を知る「意味」について考えていくことからはじめよう。

いったい、何百年も昔の過去を知ることに、いかなる意味があるのだろうか。

この疑問についてよくいわれるのは、過去を知ることで「教訓をえられる」といったことである。あるいは「未来を見通せる」といわれることもある。では、私たちは戦国時代を知れば、何か教訓を手にしたり、未来を予測したりすることができるのだろうか。

たしかに、過去の人物や事件を知ることで、私たちが鼓舞されたり、警告となって慎重であることをうながされたりすることはあるだろう。しかし、戦国時代と現代とでは前提条件や背景が異なっている。それゆえ、戦国時代でうまくいった方法が現代でいつもそのまま通用するわけではない。つまり、過去のケースが現代の教訓にはならない場合もあるのであり、この点は注意が必要だろう（アーネスト・メイ『歴史の教訓』）。また、未来はたんに過去から現代へとつづく、連続線上の先にあるわけではない。「偶然」という要素がはいってくるからである。したがって、戦国時代から現代までの歴史の流れをいくら学んだところで、それで未来をどれだけ正しく見通せるのか、かなり疑問でもある。

では、過去を知っても、それですぐさま現在に活かせる教訓をえられるとはかぎらず、未来を正確に予測することもむずかしい――そうだとすれば、私たちにとって過去、とりわけ現代から遠く離れた戦国時代を知ることに、どのような意味があるのだろうか。

そこで注目したいのが、戦国時代には、現代の世界と類似する部分が多くある、ということである。たとえば、現代の世界は日本やアメリカ、中国といった、約二〇〇の主権国家に分裂している。そしてこれら各国の上に、各国すべてを実質的に統制しうる実力をもった「世界政府」は存在していない。いっぽう、戦国時代の日本列島も、今日の主権国家のごとき二〇～三〇ほどの大名（戦国大名）領国に分裂し、その上に、これら大名たちすべてを実質的に統制しうる実力をもった、いわゆる「天下人」は存在していなかった。このように比べてみると、戦国期の日本列島は現代の世界とよく似ている、といえよう。

また、現代の世界では、各国が国益をめぐってたがいに対立しあい、いつ戦争が起きてもおかしくない、という状況にある。しかし、隣国同士で協調しあうことも多く、それゆえ、国家間で大戦争が起きることはあまりない。いっぽう戦国時代も、諸大名が生存をかけてたがいに対立しあい、いつ戦争が起きてもおかしくなかったが、近隣の大名同士で協調しあうことも多かった。そのため（とりわけ織田信長が畿内に進出してくる前までは）「戦国時代」という名称とは裏腹に、大名間で大規模な戦争が日常的に継起していたわけではなかった（山田邦明他『日本軍事史』）。

さらに、現代の世界は約二〇〇の国ごとに分裂しているが、ほとんどの国（の政府）は国連（国際連合）に加盟している。さすれば、現代の世界は完全にバラバラになっているわけではなく、「まとまり」という側面もあるといえよう。いっぽう、戦国期の日本列島も、複数の大名領国ごとに分裂していたものの、大名たちの多くは足利将軍をなお主君としてあおぎ、天皇を認め、おなじ年号を使うなど、完全に分裂状態にあったわけではなかった。つまり、戦国期日本列島にも「まとまり」という側面があったのである。

また、現代の世界では、国や地域、民族によって文化がさまざまに異なっている。しかし、それでも人権や平和の尊重といった共通の価値観はそれなりに存在し、これがときに各国政府を動かすこともある。いっぽう戦国社会にも、たとえば「主君は大事な存在だ」といった共通の価値観がなお存在し、それが大名たちを動かすこともあった。

このように、現代の世界と戦国時代の日本列島とを比較してみると、まったくおなじというわけではないにしても、よく似ている部分の多いことが理解されよう。そうしたことから、この二つを比較してみると、それぞれの特徴があぶり出されてくることがある。すなわち、戦国時代の日本列島と現代の世界とを比べることで、これまで気づかなかった戦国時代の姿が見えてくる。と同時に、いままで気にも留めていなかった現代の世界もよりいっそう見えてくるのである。そしてこの「現代が見えてくる」というところに、私たちが戦国時代を知る意味のひとつがあるのではないか。

私たちは現代に生きている。それゆえ、現代の世界についてよく知らない、というのは危険なことである。「自分がいまどのような場所にいるのか」がわからなければ、これからどちらに進むべきなのか、ということもわからないだろう。しかし現代は、私たちにとってあまりにも身近な存在であるがゆえに、私たちには現代の姿がなかなか見えない。当たり前すぎて、ついつい見すごしてしまうのだ。あるいは「現代のことなど、すでによく知っている」と思いこみ、じっくり考えることを怠ってしまうこともある。

そこで戦国時代を知り、これと現代の世界とを比較してみるのである。すると、現代の特徴が浮き彫りになり、その結果、「すでによく知っている」と思いこんでいた現代の世界を、自分が意外に知っていなかったことがわかってくる。そして、日ごろは当たり前すぎて気づかない、現代の世界があらためて見えるようになってくるのだ。つまり、戦国時代の日本列島を知ることは、私たちに、現代の世界を再発見する気づきをあたえてくれる。だから、私たちにとって戦国時代を知ることには「意味がある」のである。

では、なぜこの時代の足利将軍に注目する必要があるのだろうか。

それは、将軍を知らなければ、戦国とはいかなる時代であったのか、ということをきちんと理解することができないからである。もう少し正しく表現するならば、将軍を知っても、それだけでは戦国時代がわかるわけではないが、「将軍とは何であったのか」ということがわからなければ、戦国時代の日本列島全体を十分に理解することはできないのだ。なぜならば、将軍はこの時代にあっても、依然として日本列島全体の存在であったからである。どういうことなのか、次に述べていこう。

足利将軍家は、一四世紀前半から二〇〇年あまりにわたって、武家の棟梁《とうりょう》として日本列島に君臨しつづけた家門である。初代将軍は足利尊氏《たかうじ》であり、以後、彼の子孫たちがあとを継いで代を重ねた。このうち、八代目の将軍である足利義政《よしまさ》の時代に応仁の乱が起きた。これは、京都を主戦場とした大規模な武力紛争である。列島各地の大名がこの戦いに参加し、実に一一年もの長きにわたって断続的に戦いあった。

さて、この応仁の乱以降、つまり戦国時代における政治の中心は、日本列島各地に割拠した大名たちであった。東北の伊達《だて》、関東の北条《ほうじょう》（後北条《ごほうじょう》）、北陸の上杉《うえすぎ》（長尾《ながお》）、中部の武田《たけだ》、東海の今川《いまがわ》、畿内の三好《みよし》、中国の毛利《もうり》、四国の長宗我部《ちょうそかべ》、九州の島津《しまづ》といったものたちである。彼らは、列島各地に独自の領国を形成し、そしてたがいに覇をきそって戦いあい、あるいは和を結んで協調し、外交・駆け引きにしのぎを削った。

では、足利将軍はどうなったのだろうか。

将軍は戦国時代にはいっても、すぐに滅亡したわけではなく、なお一世紀にもわたって命脈を保った。だが、この時代の将軍については「すっかり権力をうしない、細川《ほそかわ》氏や三好氏といった、重臣の傀儡《かいらい》（あやつり人形）に成りはてていた」という評価が学界では長きにわたって一般的であった。それゆえ、戦国期の将軍については、研究者のあいだではほとんど注目されてこなかった。

しかし、それでも一九九〇年代半ばごろから、一部の研究者によって少しずつ分析が進められた。するとその結果、意外なことがわかってきた。「この時代の将軍は、従来いわれてきたような誰かの傀儡ではなかった」ということがしだいに明らかになってきたのだ。すなわち、これまで、戦国期の将軍は細川氏などの意のままに動いていた、と信じられてきたが、実際は将軍は、みずから選んだ側近らに支えられながら、対大名外交や畿内における裁判などを自分で主導していたのである。そのため、最近では「将軍傀儡説」は誤りである可能性が高い、とされている。

また、これまでは「戦国時代になると、将軍はせいぜい京都とその周辺だけの存在になってしまった」とも考えられていた。だが、これも修正を要することが、最近の研究で判明しつつある。たしかに戦国時代になると、日本列島各地の大名たちは、将軍の命令にしたがわないことが多くなった。しかし、大名たちは将軍の意向をいつも無視していたわけではなく、たとえば、将軍から献金を求められると多くの大名たちがこれに応じ、多額の銭貨を将軍に献じていた——こういったことが明らかになってきたのである。

このように、戦国時代の将軍については、近ごろ学界で大きく評価が変わってきている。

すなわち、将軍は誰かの傀儡だったわけではなく、また、各地の大名たちにたいし、完全に無力になっていたわけでもなかった。つまり、将軍は京都周辺だけでなく、なお「日本列島全体」の存在であったのである。それゆえ、戦国時代の日本列島全体はどのような姿をしていたのか、という問題を考えるためには「将軍とは何であったのか」ということを解きあかすことが欠かせない、となるわけである。

こうしたことから、最近では研究者のあいだで、この時代の将軍に注目が集まりつつある。そしてそれにともない、戦国期将軍について解説した一般向けの書籍も、いくつか刊行されるようになってきた。しかし、これらの本はかなり専門的で細かな内容の記述をふくみ、アカデミックではあるものの、いささか初学者にはとっつきにくいものが多い。そこで本書では、高校卒業程度の知識と読解力があれば容易に理解することができるよう、難解な専門用語は使用せず、また必要以上の細かな記述も避けて、話の筋道がわかるように戦国時代の将軍について語っていくことにする。

さて、戦国時代には七人の将軍が登場した。足利義尚《よしひさ》、義稙《よしたね》、義澄《よしずみ》、義晴《よしはる》、義輝《よしてる》、義栄《よしひで》、義昭《よしあき》である（なお、足利将軍はしばしば改名するが、本書では煩を避けるため、右に記した名前で統一して表記している）。彼らの生涯を、ここでは以下のような七つの章にわけて語っていくことにしよう。

まず序章「戦国時代以前の将軍たち」では、初代将軍尊氏から応仁の乱までの将軍たちを紹介するとともに、足利将軍の政権が不安定だった理由や、天皇が存続しえた事情などについても述べていく。次いで第一章「明応《めいおう》の政変までの道のり」では、応仁の乱から明応の政変（一四九三年に起きた将軍廃立事件）までをあつかい、この間、足利将軍であった九代将軍・義尚と一〇代将軍・義稙をとりあげよう。次の第二章「「二人の将軍」の争い」では、明応の政変で一一代将軍となった義澄と、この政変によって京都を追われた義稙とがいかにして戦いあったのか、ということを述べていく。

次の第三章「勝てずとも負けない将軍」では、しばしば京都を追われながらも、なぜか滅びなかった一二代将軍・義晴の戦いぶりを語っていこう。次の第四章「大樹《たいじゅ》ご生害《しょうがい》す」では、一三代将軍・義輝に注目し、彼がどのように生き、何に苦しみ、そしていかなる経緯で家臣に討たれることになったのか、ということを述べていく。次の第五章「信長を封じこめよ」では、義栄が一四代将軍となった経緯にふれたうえで、一五代将軍・義昭が宿敵たる織田信長といかに戦ったのか、またなぜ信長に勝つことができなかったのか、といったことを語っていくことにしよう。

そして終章「なぜすぐに滅びなかったのか」では、将軍が戦国期一〇〇年にわたって命脈を保ちえたのはなぜか、ということを、日本列島全体の「見取り図」を描きながら考えよう。

目次

第二章　「二人の将軍」の争い――義稙と一一代将軍義澄

一乗谷
越前
府中
美濃
丹後
若狭
朽木
丹波
観音寺城
金剛寺城
岡山
坂本
矢島
北白川城
近江
鈎
京都
穴太
霊山城
和田
摂津
芥川城
真木島城
富田
山城
越水城
伊賀
大坂
正覚寺城
奈良
伊勢
堺
高屋城
大和
和泉
河内

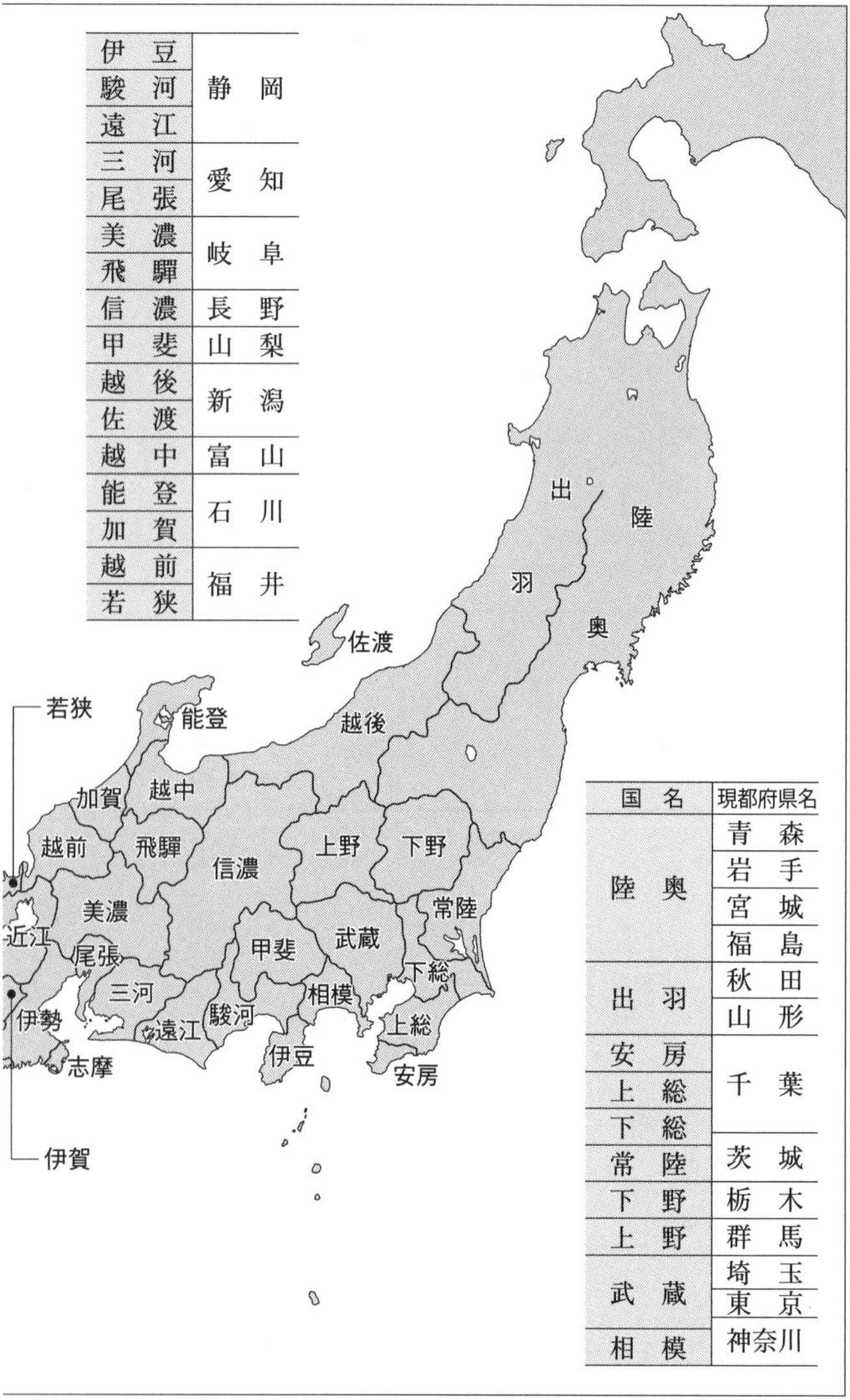

伊豆	静岡
駿河	
遠江	
三河	愛知
尾張	
美濃	岐阜
飛騨	
信濃	長野
甲斐	山梨
越後	新潟
佐渡	
越中	富山
能登	石川
加賀	
越前	福井
若狭	

国名	現都府県名
陸奥	青森
	岩手
	宮城
	福島
出羽	秋田
	山形
安房	千葉
上総	
下総	
常陸	茨城
下野	栃木
上野	群馬
武蔵	埼玉
	東京
相模	神奈川

旧国名地図．国名は『延喜式』による．

筑前	福岡
筑後	
豊前	
豊後	大分
日向	宮崎
大隅	鹿児島
薩摩	
肥後	熊本
肥前	佐賀
壱岐	長崎
対馬	

阿波	徳島
土佐	高知
伊予	愛媛
讃岐	香川
備前	岡山
美作	
備中	
備後	広島
安芸	
周防	山口
長門	
石見	島根
出雲	
隠岐	
伯耆	鳥取
因幡	

近江	滋賀
山城	京都
丹後	
丹波	
但馬	兵庫
播磨	
淡路	
摂津	
和泉	大阪
河内	
大和	奈良
伊賀	三重
伊勢	
志摩	
紀伊	和歌山

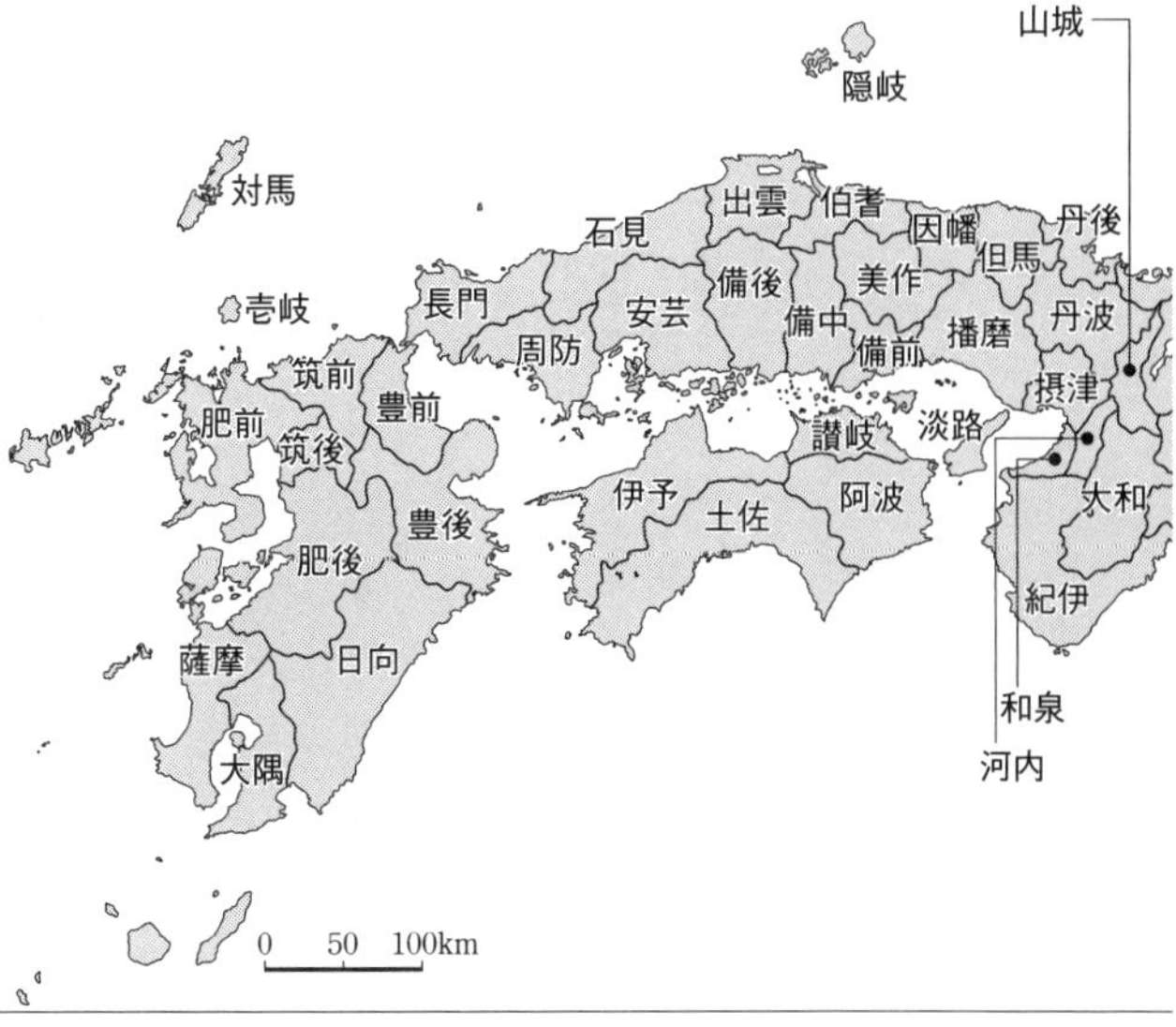

凡例

年代は西暦を主とし、日本の元号を（　）に補った。明治五年まで和暦と西暦とは約一ヵ月の違いがあるが、年月は和暦をもととし、西暦に換算しなかった。たとえば天文一五年一二月二〇日は、西暦では一五四七年一月一一日であるが、一五四六年（天文一五年）一二月二〇日とした。改元された年は、その年の初めから新しい元号とした。たとえば元亀四年は七月二八日に改元して天正元年となったが、この年のことはすべて一五七三年（天正元年）とした。史料の引用は、漢文を書き下し文に、漢字をひらがなに、カタカナをひらがなにするなど、読みやすく改めた。また句読点を適宜加えた。

足利将軍たちの戦国乱世

序　章　戦国時代以前の将軍たち

1　不安定であった理由

将軍存立の仕組をさぐる

足利将軍の政権は、のちの徳川将軍に比べれば不安定であった。それは、足利将軍には広大な直轄領も強力な直属軍もなかったからである。よく知られているように、徳川将軍には四〇〇万石ともいわれる直轄領、そして「旗本八万騎」と俗称される直轄軍があった。しかし、足利将軍にはそのようなものがもともとなかった。いったい、どうしてだろうか。

広大な直轄領がなかったのは、足利将軍による地方支配の仕組にその原因があった。そもそも、足利将軍は、本拠地である京都に「政所《まんどころ》」（将軍家の直轄地管理や、京都における金銭関係の裁判を担う）や「侍所《さむらいどころ》」（主として京都市中の治安を担当する）といった諸機関をおくいっぽう、地方には、各「国」（いまの都道府県に相当。六十数ヵ国あった）ごとに「守護《しゅご》」というポストをもうけた。そして、足利一門の有力部将たち（細川《ほそかわ》氏や斯波《しば》氏、畠山《はたけやま》氏など）を守護に任じ、彼らを介して地方を統治する、という仕組を採用した。

さて、ここで注意すべきは、この守護は「あくまで各国における将軍の代理人にすぎず、将軍によってその意のままに任免される」という建てつけになっていたことである。したがって、このような守護＝「将軍の代理人」を介して実施される将軍の各国支配は、将軍による直接支配と基本的には変わらないことになる。だから将軍のもとに、あらためて広大な直轄領が設置されることはなかったのだ。

いっぽう、将軍に強大な直轄軍がなかったのは、有事対応の仕組に起因していた。すなわち、将軍周辺において謀反《むほん》などが発生した際は「守護たちが各国の武士を引率し、将軍のもとに駆けつける」ということになっていた。それゆえ、将軍のもとにわざわざ強大な直属軍をおいておく必要はなかったのである。

このように足利将軍は「守護を使って、各国支配や有事に対応する」という仕組を採用した。このような仕組であれば、将軍は、各国支配のための巨大な官僚機構も、有事の際に必要な強力な直属軍も自前で用意しなくてよい。つまり、将軍にとっては経済的であったわけである。しかし、こうした「守護に依存する」という仕組では、もし守護が将軍への協力を拒否した場合、将軍はただちに危機に瀕《ひん》してしまうことになる。たとえば、一朝ことある秋《とき》に守護が兵を率いて将軍のもとに駆けつけてこない、などということになれば、将軍の前途はたちまち危うくならざるをえないだろう。

にもかかわらず、守護依存の仕組が採用されていたのは、どうしてか。それはおそらく、守護が当初、その任国内にほとんど独自の権力基盤を有していなかったからだろう。守護は、将軍の後《うし》ろ楯《だて》がなければ任国内の武士たちを統率することができなかった。したがって、そのような守護が将軍への協力を拒否する、などということはありえなかったのだ。

守護職《しゅごしき》は上古《じょうこ》の吏務《りむ》なり。国中《くにじゅう》の治否《ちひ》、ただこの職に依《よ》る

これは『建武式目《けんむしきもく》』（初代将軍・足利尊氏が定めた基本的な施政方針）の一節である（第七条）。「守護は、古代朝廷の国司《こくし》のような地方官だ」という意味であり、この直後に出された式目の追加法（建武五年閏《うるう》七月二十九日）にも「守護を補《ほ》せらるの本意《ほんい》は、治国安民《ちこくあんみん》のためなり。人として徳あらばこれに任じ、国として益無《えきな》くんばこれを改むべし」とある。すなわち、守護は治国安民を本務とし、不適任ならば将軍によってただちに罷免されて別人に交替させられる、という非世襲の職というわけである。

このように守護は当初、あくまでも将軍が京都から各国に派遣した地方官（将軍の代理人）と位置づけられ、各国を領地として私有する領主ではなかった。そして、将軍の地方支配や有事対応は、いずれもこうした守護のあり方を前提にして組み立てられていたのである。しかし、このような「守護に依存する」という将軍存立の仕組は、のちに

将軍家の禍根となっていく。

補完しあう将軍と諸大名

ところが、その後、事態は思わぬ方向に進んでいく。

初期の将軍たち（尊氏や二代将軍義詮《よしあきら》）は、いまだ政情不安であったことから守護たちの力を必要とした。そこで、将軍は守護らから協力をえようとして、彼らが望む守護職の世襲を認めた。この結果、守護たちは、父が死ねばその子や弟が守護職を継ぐといった具合に、守護の地位を同一家系で代々世襲するようになった。そしてそれにともなって、彼らは任国内における武士たちと密接な関係を築きあげ、しだいに将軍の後ろ楯がなくても任国を支配することができるようになっていった。つまり、将軍から自立した各国の領主、すなわち大名になっていったわけである。

こうなると、大名（守護）たちは、将軍の命令であっても自分に不都合なものには服さなくなる。彼らは、しばしば将軍の意向にそむき、歴代将軍を悩ませていった。とはいえ大名たちは、将軍からしだいに自立しつつあったとはいえ、なお将軍にさまざまな点で頼る部分があった。それゆえ、大名たちは将軍の意思を完全に無視することもできなかった。

いっぽう将軍も、各国支配や有事対応で大名たちに依存する仕組をもつことから、大名たちの意向を無視することができなかった。この結果、将軍と大名たちはたがいに依存し、補完しあう（と同時に、牽制《けんせい》しあう）関係となっていったのであり、こうした「相互に補完しあう、将軍と諸大名との総体」こそが、室町幕府と呼ばれる権力体の本質であった。

ところで、ここで「室町幕府」という学術用語について一言しておこう。高校の日本史教科書にはたいてい、室町幕府の機構図が掲載されている。それを見ると、足利将軍を頂点に、「中央機関」（政所や侍所など）と、守護（大名）などの「地方機関」とが描かれている。ここからは教科書が、これら中央機関と地方機関とをあわせた全体のことを室町幕府としていることがわかる。

ただし、将軍および中央機関と、地方機関たる守護などとを便宜的に別個のものとしてとらえ、前者のみを室町幕府、という場合もあるので注意が必要である。たとえば「幕府と守護はどのような関係にあったのか」といった表現が学術論文などにときに見られる。この場合、守護は幕府の一部ではなく、別個のものとして扱われている。

それゆえ、室町幕府という学術用語が出てきた場合、この語がいかなる意味で使われているのか、きちんと見きわめることが大切である。ちなみに本書では、将軍を頂点とした、中央機関と地方機関（守護、つまり大名ら）とをあわせた全体を指す場合は「広義の幕府」と呼び、将軍および中央機関のみを指す場合は「狭義の幕府」と称していくことにする。

2　なぜ応仁の乱が起きたのか

初代尊氏から四代義持へ

一四世紀前半、足利尊氏は後醍醐《ごだいご》天皇から政権を奪取し、北朝（後醍醐天皇と対立する天皇家）から征夷大将軍に任じられた（一三三八年）。しかし、このあと尊氏とその同母弟の直義《ただよし》とのあいだで権力闘争が起き、この闘争は、足利配下の諸将を巻きこんだ列島規模の大騒乱に発展した（「観応《かんのう》の擾乱《じょうらん》」という）。それゆえ、尊氏や二代将軍の足利義詮（尊氏の嫡男）は、政局の安定化に苦心した。

足利将軍家の統治がようやく安定を見たのは、義詮にかわって三代将軍となった足利義満《よしみつ》（義詮の嫡男）の時代であった。その治世期、義満の邸宅である京都の北山殿《きたやまどの》（現在の鹿苑寺《ろくおんじ》〔金閣寺〕）を中心に北山文化が花開いた。さてこの義満は、嫡男・足利義持《よしもち》に将軍の地位を譲ったのちも政治の実権を握りつづけたが、一四〇八年（応永一五年）に五一歳（年齢は数え年。以下同様）で死去した。そこで、すでに四代将軍となっていた義持が、これ以降名実ともに将軍として政治を主導し、次いで唯一の男子・足利義量《よしかず》が成長すると彼に将軍の地位を譲った（一四二三年）。

ところが、五代将軍となった義量は、このあと二年ほどで病没してしまった（一九歳）。そこで父の義持が、亡き息子にかわって将軍としての政務をふたたび執行することになった。ただし、義持はこのとき、征夷大将軍の称号を再度えることはなかった。いまや足利氏の政権は安定していた。そのため、天皇から将軍の称号を入手しなくても、政治を行いえたのである。この結果、将軍はしばらく「空位」ということになった。

さて、こうして義持が再登板し、事実上の将軍として執政することになった。ところが、その義持もわずか三年後に病床に伏し、養生の甲斐なくたちまち重態におちいってしまった。そのため、管領《かんれい》（将軍家の重臣筆頭たる有力大名。当時は畠山満家《みついえ》）以下の諸大名は、義持の後継者を心配しだした。当時、義持にはもはや男子がひとりも生き残っていなかったが、弟が四人いた。したがって、後継者は当然この弟たちの誰かということになろう。しかし、管領らが聞いたところによれば、義持は後継者の指名を拒否しているという。「管領以下、大名たちが相談して決めるように」というのである。

足利将軍家略系図①（数字は将軍職の代数）

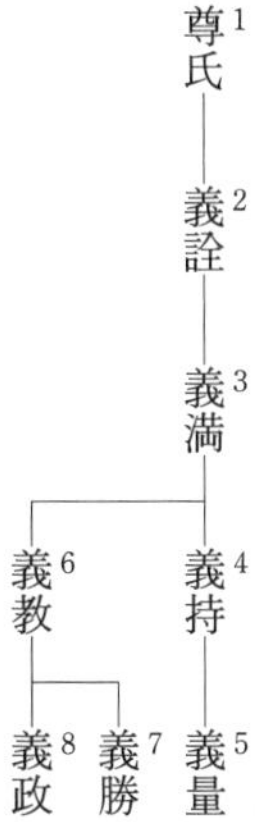

管領や大名たちはこれを知って困惑した。そこで、高僧の満済《まんさい》（京都・醍醐寺《だいごじ》三宝院《さんぼういん》門跡）に頼み、義持の意向をさらにうかがってもらった。なお、満済というのは義持の信頼篤く、その政治顧問というべき

立場にあった人物である。さて、満済が義持にその意向を尋ねたところ、義持はやはり「自分は世継ぎを決めないので、大名たちが適当なものを決めよ」と指示した。実は、義持はこれ以前、源氏の氏神である八幡神《はちまんしん》から「世継ぎになる男子がまた誕生する」というお告げをえていた。それゆえ、自分で弟たちを後継者にするわけにはいかなかったのである（そのようなことをすれば、神託を信じていないということになってしまう）。

しかし、満済は義持に「これでは管領以下大名たちは困惑し、さらに何度も後継者を決めるようにと義持に求めてくるだろう」と申し述べた。このことは、管領をはじめとする大名たちだけでは将軍家の後継者を決めるわけにはいかなかった、ということを示唆する。

将軍家を支えているのは大名たちである。それゆえ義持が誰かを後継者に指名しても、諸大名がこれに同意しなければ現実には実効性を有しえなかった。しかし、将軍家の後継問題は将軍家という「家」の問題でもあったから、臣下たる大名たちだけで勝手に後継者を決める、というわけにもいかなかったのである。将軍家の後継者を決めるには、その家長である義持が後継者を指名し、これに「譲り」をあたえることが望ましかった。

そこで、満済は義持にひとつの提案をした。「義持の承認のもと、八幡神（京都郊外の石清《いわし》水八幡宮《みずはちまんぐう》）の神前において（管領が）鬮《くじ》を引き、それによって義持の弟たちのなかから後嗣をえらぶ」という案である。義持はこれに同意した。この結果、鬮を引きあてた弟のひとり、義円《ぎえん》（京都・青蓮院《しょうれんいん》の門跡。義持の同母弟であった）が、義持没後に将軍となった。彼こそが、六代将軍の足利義教《よしのり》である。

御兄弟四人御名字《おんみょうじ》を、八幡神前《はちまんしんぜん》において御鬮《みくじ》を召《め》され、定《さだ》めらるべきか

満済は義持に「兄弟四人の名をしるした鬮を八幡神前で引くことで、後嗣を決めてはどうか」と助言し、義持の承諾をえた。右は、そのことを伝える『満済准后日記《まんさいじゅごうにっき》』の記事である（正長元年正月一七日条）。なお、後継者を鬮で決める、というのは現代では奇異なことだが、当時はときに見られたことであった。対立が深刻でどうしても白黒をつけがたい、という難問は、神前で引かれた鬮によって決せられたのである。神鬮《みくじ》の結果は、神慮（神の意思）とされたので、対立しあっている者同士もその結果に納得しえたからであり、また、敗訴となっても神慮というかたちならば、対外的にメンツを保てたからであった。神鬮による決定方式は、当時における紛争解決の知恵であったといえよう（瀬田勝哉「「鬮取」についての覚書」）。

天皇はなぜ存続したのか

こうして義教が、足利氏（将軍家）の家督を継承した（一四二八年）。しかし、彼はすぐに征夷大将軍の称号を入手したわけではなかった。というのは、義教はこれまで僧侶をしていたことから、僧形であり（つまり頭髪がない）、そのような姿で征夷大将軍の称号を手にするのは不吉だ、とされたからである。したがって、義教は頭髪が生えそろうまで、征夷大将軍となるのを約一年ほども待たねばならなかった。

しかし、義教は政治への意欲に燃えていたから、征夷大将軍にならないまま執政を開始しようとした。このことはさきにも述べたように、このころはすでに、足利氏の当主となったものはそれだけで、天下を差配することが可能であったことを物語っている。

ところが、義教はこのとき、儒者の清原常宗《きよはらじょうそう》入道から次のような諫言《かんげん》をうけた。すなわち、義教が征夷大将軍にならないままで天下を差配する、というのは好ましいことではない。なぜならば、これでは「征夷大将軍にならずとも、実力さえあれば誰もが天下を差配することが可能だ」ということになりかねないからである。それは、いま天下を差配している足利氏にとっては危険きわまりないことだろう。

そこで――と常宗は助言する。これを防ぐためには、足利氏しか征夷大将軍の称号を天皇から授与されない、という状況をつくったうえで、「天皇から征夷大将軍の称号を授けられたものしか、天下を差配することはできない」ということにしておきなさい。そしてそのためには、このことを広く世間に認知させねばならないから、義教はいま、征夷大将軍の称号を天皇からきちんと授けられたあとで天下を差配すべきなのだ――常宗は、このように義教に提言したのである。義教はこれを聞いて納得し、天皇から征夷大将軍の称号をえるまで一年ほど、表立ったかたちでみずから執政することは控えた。

さて、この常宗諫言は、中世史家の佐藤進一氏が指摘したように、足利氏にとって「天皇制の存在が不可避の要請であることを説明した注目すべき文字」といえよう（『日本中世史論集』）。

足利氏の当主はその実力によって、征夷大将軍の称号をもたなくても、すでに天下を差配することが可能であった。したがって、征夷大将軍の称号も、これを授与する天皇も、足利氏にとってはもはやなんら必須のものではなかった。しかし、天皇と将軍の号は「足利氏だけが天下を差配しうる有資格者だ」ということを世間に示す道具としてなお有用である（と足利氏は判断した）。だから、足利氏はこのあとも将軍の称号を欲しつづけ、それゆえにこの称号を授与する権能をもつ天皇を保護しつづけた。その結果、天皇は存続しえたのである。

征夷大将軍《せいいたいしょうぐん》以前《いぜん》、天下《てんか》を判断すること子細《しさい》無くんば、誰人《だれびと》も将軍にあらずといえども、権威《けんい》につき成敗《せいばい》あるべきか

右が、清原常宗入道が義教に呈した諫言の一部であり、「征夷大将軍の称号をえる前でも天下を差配して問題ない、ということになると、誰もが、将軍でなくても権威（実力）さえあれば天下を差配することができる、ということになってしまうではないか」とある（『建内記』正長元年五月一四日条）。常宗はこのような事態を防ぐための道具として、征夷大将軍の称号やこれを授与する天皇を利用すべきことを義教に提言したのである。

ところで、こうした天皇の利用はその政治的復権を招きかねなかったが、実際には、このあと室町～戦国期をつうじて天皇が政治的に復活してくることはなかった。南北朝時代には武家権力のあいだであれほど頻発した天皇争奪戦も、戦国時代にはもはや起きなかった。後述するように戦国期には将軍家は二つに分裂したが、各々の足利が別々の皇族と手を組み、自分に都合のよい天皇としてこれを擁立する、などということもなかった。どうしてだろうか。

これは「天皇に承認され、征夷大将軍に任じられたものしか天下を差配することはできない」といった考えが、武家権力のあいだでかならずしも定着しなかったからであろう。足利将軍の周辺ですら、たとえば戦国期の史料を見ると将軍の治世年を、天皇より征夷大将軍の称号を授与された日からではなく、足利氏家督を継承した時点から起算しているものが見られる。征夷大将軍やこれを授与する天皇は、すでにこの程度の存在だったのである。

とはいえ、天皇はこのように武家のあいだで注目されず、争奪戦の対象にもならなかったがゆえに、武家同士の政治闘争に巻きこまれずに済んだ。そしてその結果、天皇は室町・戦国の荒波を乗りきることができた、ということもできるだろう。

八代将軍・義政の登場

さて、義教は六代将軍になると、わずかな過失を探してはこれをもとに中小大名たちを粛清し、将軍の立場強化に努めた。将軍にとって大名は、地方支配や有事対応において不可欠な存在であったが、同時に大名は、将軍を牽制する存在でもあったからである。だが、義教の大名抑圧は強引であり、「万人恐怖《ばんにんきょうふ》す」（『看聞日記』）とささやかれた。それゆえ、義教は有力大名のひとり、赤松満祐《あかまつみつすけ》（播磨国《はりまのくに》などの大名）に謀殺されてしまった（一四四一年。嘉吉《かきつ》の変）。

その後、足利義勝《よしかつ》（義教の嫡男）が将軍家の家督を継ぐことになった。しかし、義勝はまだ幼童であり、みずからで政務を執ることはできない。そこで、管領の地位にあった細川持之《もちゆき》が、幼少の義勝にかわってこのとき政務を執行することになった。だが、細川持之は「御少年の時分《じぶん》の間《あいだ》、管領下知《げち》、人々所存如何《ひとびとしょぞんいかに》。心元無《こころもとな》し（義勝が幼童なので、管領の命令に諸大名がしたがってくれるかわからない。不安だ）」と胸中の不安を吐露したという（『建内記』）。

管領は将軍家の筆頭重臣である。そして、当時その職にあった細川持之は、畿内や四国に数ヵ国を領する有力大名でもあった。しかし、そうした管領細川といえども、しょせんは将軍の一家臣にすぎず、他の大名たちから見れば同輩者中の第一人者でしかない。したがってそのような立場では、将軍とおなじように諸大名から心服を獲得し、彼らを統率していくことは困難であった。管領細川の不安はこのことを示している。

つまり、「臣下」である管領では、「主君」たる将軍のすべてを代行することはできないのである。いいかえれば、将軍には、管領であっても完全には担うことのできない、諸大名の主君としての独特の権能があったわけである（こういった、主君の身にそなわった、他者に委任することのできない主君独自の権能のことを「主従制的支配権」という。佐藤進一『日本中世史論集』）。

そこで、義勝の生母である日野重子《ひのしげこ》が、義勝の政務を後見することになった。重子は将軍生母として、当時将軍家を代表するような立場にあった。それゆえ、将軍のもつ主人権（主従制的支配権）を一部代行しえたからである。ちなみに、こうした「君主が幼少の場合、その生母が君主にかわって政治に関与する」という事例は、日本以外にも中国や西欧の歴史において散見される。いずれも、主人権の問題がかかわっていた可能性があろう。

さてこうして、将軍生母である日野重子と管領らが、幼少の将軍にかわって政務を担うということになった。そしてこのような体制は、義勝がわずか二年で病没し（一四四三年）、同母弟の義政《よしまさ》が八歳であとを継いだのちも（八代将軍）、しばらくつづいた。

だが、義政は成長するにともなって、しだいにみずからの政治的な意思を積極的に表明するようになり、生母の重子や管領もこれを抑えられなくなっていった。かつて細川持之が不安を吐露したように、諸大名を統率していくには主君である将軍が必要であった。そうである以上、将軍である義政がその意思を積極的に表明するようになれば、管領も重子もこれを無下には拒否することができなかったからである。

応仁の乱へ

この結果、義政が政治の中心に立つようになった。このような義政を、側近として伊勢貞《いせさだ》親《ちか》や季瓊真蘂《きけいしんずい》（京都・相国寺《しょうこくじ》の高僧）らが補佐した。ちなみにこの伊勢氏は、鎌倉時代以来、足利氏につかえてきた譜代の家臣であり、代々の当主は幕府（狭義の幕府）の政所頭人《とうにん》（政所の長官）に就任した。義政の時代、この伊勢氏当主となったのが伊勢貞親である。彼は、世職たる政所頭人を務めるいっぽう、義政に近侍してその深い信任をえ、義政から「御父」（育ての親）と呼称された。

さて、義政は伊勢貞親らに支えられながら、父とおなじく将軍の権力拡大と、諸大名の勢力削減を進めた。

すると、義政らにとって好都合なことに、ちょうどそのころ、たまたま有力大名である畠山氏と斯波氏の内部において、一族・家臣たちが二派に分裂してあい争う事態になった（畠山氏内では畠山政長《まさなが》と義就《よしひろ》、斯波氏内では斯波義敏《よしとし》と義廉《よしかど》が当主の地位をめぐり、家臣らを巻きこんで争った）。これを見た義政はこの内紛に積極的に介入し、対立しあう二派のうち、あるときは一方を、またあるときは他方を支援することで巧みに紛争を扇動した。それゆえ、畠山・斯波の内紛はいつはてるともなくつづき、両氏の勢威は低下した。そして、それにともなって将軍を牽制すべき諸大名全体の勢威も、また減少していった。

この結果、将軍たる義政の政治的立場は相対的に強化され、ついに義政の「専制」と呼ぶべき政治状況が現出した（百瀬今朝雄「応仁・文明の乱」）。しかし、このような義政の専制は、当然ながら大名たちのつよい不満を招かざるをえない。諸大名は、有力者の細川勝元《かつもと》（持之の子）と山名宗全《やまなそうぜん》入道を中心に連和し、義政にたいして側近・伊勢貞親らの追放をせまった。これをうけ、義政はやむなく伊勢貞親らを放逐し、この結果、股肱《ここう》の臣というべき貞親を失った義政の専制は、ここについえた（一四六六年。この事件を「文正《ぶんしょう》の政変」という）。

だが、これで騒動が沈静化したわけではなかった——。

このあと諸大名のあいだで、政治の主導権をめぐってしだいに対立が生じていったからである。大名たちは、細川勝元・山名宗全それぞれを領袖とする二派閥に分裂し、ついに両者のあいだで戦端が開かれることになった。世にいう「応仁の乱（応仁・文明の乱）」である。時に、一四六七年（応仁元年）のことであった。

近日、京都の様《さま》、一向《いっこう》、諸大名相計《あいはか》らう。公方《くぼう》（義政）は御見所《ごけんじょ》なり

右は、応仁の乱開戦の少し前における義政について語った史料であり、「近日（文正の政変以降）、京都での政治は諸大名があいはからい、義政は見所（傍観）するのみだ」とある（『大乗院寺社雑事記』文正元年九月一三日条）。義政は、諸大名が細川と山名の両派にわかれて対立しあっても、これを抑止することができず、むなしく傍観するだけで何らなすところがなかった。

こうした義政の姿勢は、彼の無責任さを示すものとしてしばしば後世の史家から糾弾されてきた。しかし、将軍は、地方支配や有事対応において大名たちに依存していたがゆえに、諸大名がまとまってひとつの方向に突きすすんでしまうと、なす術《すべ》がなかった。したがって、義政の無責任さを非難するのは、いささか酷であるともいえよう。将軍が指導力を発揮しえたのは、諸大名全体の勢威が低下していたり、大名たちが分裂したりしているときのみであった。義政が「専制」と評すべき専権をふるいながら、一致団結した諸大名から側近らの追放をせまられるとこれを拒絶することができなかったのは、このためである。

第一章　明応の政変までの道のり

——九代将軍義尚と一〇代将軍義稙

1　悲運な若武者・義尚

義政と義視の兄弟

応仁の乱が勃発する三年前、将軍義政は、京都の浄土寺《じょうどじ》で僧籍にあった三歳年下の異母弟・足利義視《よしみ》を還俗《げんぞく》させた（還俗とは、僧から俗人に戻ること）。

当時、義政には後嗣にすべき男子がいなかったが、後継者となしうる兄弟が二人いた。庶兄の足利政知《まさとも》と異母弟の義視である（政知は義政の兄であるが、生母の出自が低かったので義政に臣従した）。したがって、もし義政が急死した場合、この二人のいずれかが将軍家を継ぐことになった。ただし、このうち政知は、東国鎮撫《ちんぶ》のために義政の命令で京都から遠く関東に下っていた（伊豆国堀越《ほりごえ》を本拠としたので「堀越公方《ほりごえくぼう》」と称される）。それゆえ、将軍後継の

足利将軍家略系図②（数字は将軍職の代数）

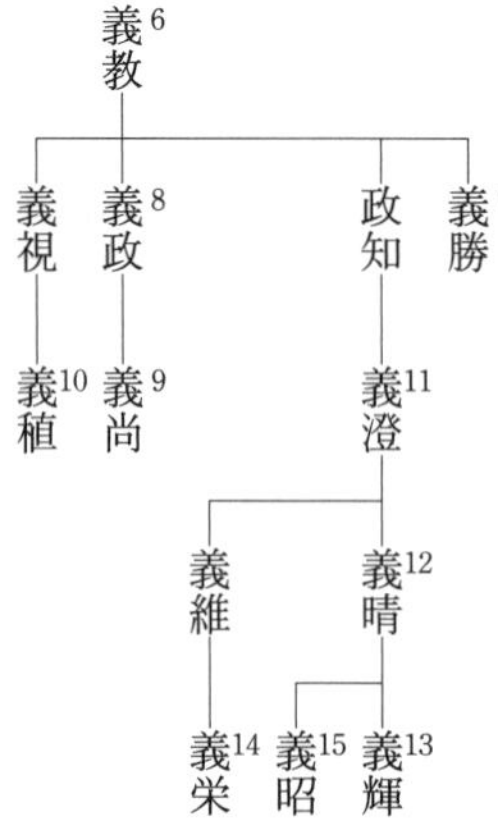

第一候補は義政であった。そこで兄の義政は、自分に万一のことがあった場合の、後継候補のいわばスペアとしてこの弟を還俗させ、自分の身近においておこうと考えたのだろう（家永遵嗣「足利義視と文正元年の政変」）。

こうして義視は、兄の求めに応じて僧をやめ、兄に近侍することになった。義政はこれを喜び、弟のために朝廷に奏して左馬頭《さまのかみ》の官途《かんと》を弟に授けてもらった（左馬頭は、将軍後継候補が称してきた官途）。時に一四六四年（寛正五年）一二月のことである。

この後、義政には側室から男子が生まれた（一四六五年。のちの天龍《てんりゅう》寺《じ》香厳院《こうごんいん》主・同山等《どうざんとう》賢《けん》）。またその直後には、義政の御台所《みだいどころ》、つまり正妻である日野富子《とみこ》（彼女は義政の生母・重子の兄の孫にあたる）からも、待望の嫡男、義尚《よしひさ》（のちの九代将軍）が誕生した。しかし義政は、弟の義視を僧に戻すことはなかった。義政の意中は、おそらく「実子たる義尚を後継者にする」ことであっただろう。だが、幼児の死亡率が高いこの時代、義尚が無事に成人するとはかぎらない。それゆえ、スペアとして義視はなお必要であったからである。

そうしたことから、義視の後継候補としての地位は、その後も変わることはなかった。たとえばこのあと義視は、朝廷より権大納言《ごんのだいなごん》に任じられ、武家では義政に次いで第二位の高位にのぼった（一四六五年）。そしてまた、日野富子の妹・良子を妻にめとり、嫡男もえた。のちの一〇代将軍・義稙《よしたね》である（一四六六年）。

さてこの直後、応仁の乱が勃発することになる（一四六七〜七七年）、ところで、もしこの乱が起きなければ、義政は、弟の義視に将軍家の家督を譲っていたのではないか、そして、嫡男・義尚が成人するまでの「中継ぎ」として、義視に将軍を務めさせたのではないか、とする見方がある。しかし、それはどうであろうか。

義視が家督を継ぎ、将軍となれば、それにともなって彼の周囲にはどうしても人が集まり、それは必然的に派閥化し、権力として実体化してこざるをえない。そうなれば、義政の健在なうちはともかく、彼が死去した場合、弟の義視が中継ぎ将軍の地位に甘んじつづけるとは考えにくい。かならずや義尚を迫害し、みずからの嫡男（義稙）を後継将軍に据えようとするであろう。

そう考えれば、義政にとって、弟・義視を厚遇しすぎることは危険であった。さすれば、おそらく義政は弟に家督を譲る気などなく、あくまでスペアとして遇しつづける心づもりだったのではあるまいか。

応仁の乱の結末

こうしたなか、応仁の乱が勃発した。諸大名は、細川勝元を領袖とする東軍、山名宗全を領袖とする西軍とにわかれ、京都各地で戦いにおよんだ。このとき、義政・義視兄弟は東軍に擁され、このうち弟の義視は、名目的ながら東軍の旗頭となった。このように、東軍は将軍兄弟を擁しており、それゆえ西軍にたいし、当初は圧倒的に優勢であった。

だが、その後戦況は一変する。中国地方の有力大名・大内氏《おおうち》（大内政弘《まさひろ》）が、西軍に加入して京都に進撃してきたからである。この結果、西軍はたちまち劣勢を挽回《ばんかい》し、今度は東軍が敗北寸前に追いこまれることになった。

そのため、東軍の旗頭であった義視は、責任をとらされるのをおそれてか、京都から伊勢《いせ》国《くに》（三重県）に逃亡した（一四六七年）。すると、これを見た兄の義政は、弟に帰京するようにとしきりに求めた。義政の実子たちはいまだ幼い。それゆえ、将軍後継のスペアとして義視の価値はなお高かったからであろう。また、義視が西軍に奔《はし》ってしまうことを危惧したのかもしれない。

そこで、義視は兄・義政の求めに応じて帰京し、東軍に復帰した。ところがこの直後、この兄弟は激しく対立することになる。その原因は、義視が兄に「側近の日野勝光《かつみつ》を排斥するように」と諫言したことにあった。日野勝光というのは、義尚（義政の嫡男）の後ろ楯というべき人物である（勝光は義尚生母・日野富子の兄にあたる）。そのようなものの排斥を弟が求めてきた、と知って兄の義政は激怒した。義政には弟の挙動が「義尚を斥《しりぞ》けてみずから新将軍として立とうとする、スペアの領分をこえた身勝手な動き」と映ったのであろう。義政の怒りはすさまじく、義視はこれを見ておそれをなした。それゆえ、彼は東軍陣営を逃げだし、次いでこれまで敵対していた西軍に身を投じた（一四六八年）。

この結果、東軍は兄の将軍義政、西軍は弟の義視を旗頭に擁して戦いあうことになり、戦闘は激しさを増した。だが、このあと東西両軍内では戦いが長期化するにともなって、しだいに厭戦《えんせん》気分がひろがっていった。とりわけ、戦いのさなかである一四七三年（文明五年）に、西軍を率いる山名宗全が病死し（三月）、この直後に東軍の細川勝元もまた死没すると（五月）、両軍のあいだでは和平の機運が急速に高まっていった。

これを見た義政は、その年の一二月に天皇（後土御門《ごつちみかど》天皇）に求めて嫡男の義尚を征夷大将軍（九代将軍）に任じてもらい、「自分の後継は義尚である」ことを天下に示した。そのうえで義政は、義視の息女（祝渓聖寿《しゆくけいしようじゆ》）を京都の名刹・曇花院《どんけいん》（尼寺）にいれて厚遇し、これによって西軍の義視にたいして和解を呼びかけた。

すると、義視や西軍の大名たちもこれに応じた。この結果、義視は京都を去り、西軍の大名・土岐《とき》氏を頼ってその領国である美濃国《みののくに》（岐阜県南部）に落ちのびていった。それと同時に、西軍の諸大名もいっせいに京都を離れて領国に下り、こうして一一年間もつづいた応仁の乱はようやく終わった（一四七七年）。

両陣《りょうじん》の武家衆《ぶけしゅう》、おのおの引退《いんたい》しおわんぬ。山城一国中《やましろいっこくちゅう》の国人等《こくじんら》、申し合わすゆえなり

応仁の乱は終結したが、畠山政長《はたけやままさなが》（東軍）と同義就《よしひろ》（西軍）はなお戦闘をやめず、このあと数年にわたって山城国《やましろのくに》（京都府南東部）各地に軍を駐屯させ、戦禍をもたらした。そこで、これに怒った南山城の在地豪族たち（国人《こくじん》）は集会を開いて「国一揆《くにいっき》」（国人らの連合）を結成し、両陣（両畠山）に撤兵を求めてこれを実行させた。右の文章は、そのことを伝える史料である（『大乗院寺社雑事記』文明一七年一二月一七日条）。

その後、彼ら国一揆は、独自に法を制定して南山城をみずからで差配した。そうしたことから戦後歴史学界では、この山城国一揆は反権力・反体制を実現した在地勢力の輝かしい勝利のあかしとされ、注目された。しかし、国一揆の面々は単純な反権力だったわけではない。両畠山軍を追いはらういっぽうで、将軍側近の伊勢氏や畿内の有力大名・細川氏と手を組むなど、権力者との関係ではしたたかな面もあわせもっていたのである（山田康弘『戦国期室町幕府と将軍』）。

さて、義尚は一四七三年（文明五年）一二月、父義政の譲りをうけて九代将軍となった。だが、当時まだ九歳であり、将軍としての政務は執りえない。

そこで、父の義政が引きつづき実権を握ることになった。すると義政は、御台所の日野富子（義尚の生母）やその兄・勝光を側近に登用し、これに政務を一部委ねるなどして応仁の乱の戦後処理を進めた。いっぽう、息子の義尚にはなんら実際的な権限をあたえなかった。そしてそれは、義尚が一五歳になって「判始《はんはじめ》」の儀式（これを済ませば成人とみなされ、みずからで花押《かおう》〔サイン〕を公文書に記入し、将軍としての政務を執行しうる）を経たのちも、変わらなかった。

それゆえ、義尚はこのような状況に不満をもち、しばしば義政や母の日野富子に反抗した。ときには、自身で髻《もとどり》（まげ）を切ったり、養育係である側近の伊勢貞宗《いせさだむね》（貞親の子）邸に引きこもったりして周囲を心配させた。こうしたこともあって、義尚は二〇歳をすぎたころから、将軍としての諸権限を段階的に父義政から譲られるようになった。

すると、義尚はしだいに父とは異なった独自の動きを見せていく。たとえば一四八五年（文明一七年）、将軍家の奉行衆《ぶぎょうしゅう》たち（将軍の事務全般を担った吏僚的直臣）が他の将軍直臣らと対立におよぶ、という事件が起きた。このとき、奉行衆の面々は抗議の意を示すために将軍家への出仕をいっせいにやめ、とりわけ奉行衆の実力者・布施英基《ふせひでもと》は、京都の自邸に籠城するにいたった。これにたいし、義政は布施を赦免して事態を穏便にすまそうとしたが、義尚は布施を厳罰に処すべしと主張し、のちに布施を誅殺《ちゅうさつ》してしまった。

ところで、義政が息子・義尚への権限譲渡をしぶったのは、いまだ若年であった息子の執政を危うんだこともあったろうが、もうひとつ別の理由もあったと思われる。

義政は応仁の乱終息後、京都の東山に瀟洒《しょうしゃ》な邸宅を建設しはじめていた。のちの「東山殿」である（現在の慈照寺《じしょうじ》、すなわち「銀閣寺」）。だが、その建設には莫大《ばくだい》な費用を要した。それゆえ、義政はこの費用を工面しなくてはならず、そしてそのためには、将軍の諸権限を息子に譲るわけにはいかなかった。なぜならば、義政が諸権限を握っているからこそ、彼のもとに財貨が集まってきたからである。

たとえば、次のようなことがあった。義政は、中国地方の有力大名・大内政弘から「亡父（大内教弘《のりひろ》）に朝廷から従三位《じゅさんみ》の位が贈られるよう、朝廷に口添えしてほしい」との依頼をうけた。そこで、義政は大内の願いを聞きとどけてやり、その結果、朝廷から大内政弘の亡父に従三位が贈与されることになった。すると、これを知った大内政弘とその重臣らは喜悦し、義政に謝礼として、実に二〇万疋《びき》（現在の二億円くらい）もの銭貨を献じた、というのである（一四八七年。『蔭凉軒日録』）。

つまり義政は、朝廷に少しばかり口添えをしただけで、膨大な謝礼を手にしたわけであった。これは、彼が依然として将軍権力を掌握し、朝廷にたいする影響力を有していたからにほかならない。息子・義尚にすべてを譲ってしまったあとでは、こうはいかない。それゆえ、義政は息子に段階的に諸権限を譲渡したものの、なかなか全権をあたえることまではしなかった。また、息子の政務にもしばしば介入した。

だが、こうした状況に、義尚は当然ながらつよい不満をいだいた。

東山《ひがしやま》の御所へ、そっとそっと伺《うかが》い申して候《そうら》はでは、御奉書《ごほうしょ》の成《な》し候《そうろう》事、如何《いかが》

将軍家の事務官僚である奉行衆は、義尚の意向をうけたまわってもすぐにはこれを公文書にはせず、父・義政の意向を確認し、しかるのちにようやく公文書を作成していた。右の史料は、そのことを示す奉行衆の言葉であり、「今はどんなことであれ、義尚様の意向が下されても、東山の御所（義政）の意向をそっとうかがわなくては、公文書を出すことはできない」といった意味である（『松尾神社記録』）。この発言がなされた当時、義尚はすでに二二歳に達し、父の義政から諸権限の多くを譲られていた。しかし、父はなおも実権の一部を手放しておらず、それゆえに奉行衆は、こうした措置をとっていたのである。

なぜ自身で出陣したのか

このようななか、将軍義尚は、近江国《おうみのくに》（滋賀県）の大名・六角高頼《ろっかくたかより》をみずから征伐すると発表した。六角高頼は義尚の命にそむき、近江における寺社本所領（天皇につかえる公家衆や大寺院・神社の領地、いわゆる荘園《しょうえん》）を押領していたからである。当時将軍は、寺社本所領を保護し、既存秩序の維持に尽力すべき存在、と世間から認識されていた。それゆえ、義尚としては将軍としての面目にかけて、六角の押妨《おうぼう》に対処しなくてはならなかった。

しかも、六角高頼は、義尚につかえる将軍家直臣たちの所領までをも強奪し、彼らを困窮に追いこんでいた。それゆえ、直臣らは義尚にたいし、「江州《ごうしゅう》において本領《ほんりょう》ある者、六角押領によって不知行《ふちぎょう》し、あるいは餓死する者これあり」と嘆き、六角追罰を求めた（『蔭凉軒日録』）。こうしたこともあって、義尚は六角を討つことに決した。これによって直臣らを保護し、彼らを味方につけ、将軍としての権力基盤強化を企図したのだろう。

しかし、寺社本所領や直臣領保護のためだけならば、義尚が自身で出陣する必要はない。義尚が近江への親征を決断したのには別の理由もあった。それは、父義政から離れることである。父は政治に介入し、義尚を悩ませていた。そこで、義尚はみずから近江へ赴くことで、父の影響から脱し、政治的自由を手にしようとしたのである（設楽薫「足利義尚政権考」）。

さて、義尚は近江親征を決めると、諸大名にも参陣するよう号令を発した。するとこれをうけ、数多くの大名たちが陸続と兵を率いて義尚のもとに参集してきた。その主なものは、畿内最大の勢威を有する細川政元《まさもと》（勝元の子）をはじめとして、斯波《しば》、畠山、山名、一色《いっしき》、土岐、大内、赤松《あかまつ》、京極《きょうごく》、富樫《とがし》、若狭武田《わかさたけだ》氏など、多数におよんだ。将軍家配下の大名ほぼすべてが参陣したといってよい。この事実は、応仁の乱以降も将軍にはなお諸大名を動かす力があった、ということを示している。

いっぽう、六角高頼はこの状況を前にして恐怖し、義尚に謝罪を申しいれた。しかし、義尚はこれをしりぞけ、大兵を親率して六角を征伐すべく京都を出陣した。時に一四八七年（長享元年）九月一二日のことである。将軍の親征は三代将軍義満以来、実に一〇〇年ぶりのことであった（義満が山名氏を親征した一三九一年の「明徳の乱」以来）。

義尚はこのとき二三歳。梨打烏帽子《なしうちえぼし》をかぶって紅金襴《べにきんらん》の鎧直垂《よろいひたたれ》を着し、太刀《たち》を帯び、弓を握って矢を背負い、河原毛《かわらげ》の名馬にまたがって威風堂々と出陣したという。この颯爽《さっそう》とした若大将ぶりを観た京都の大群衆は、皆、合掌して将軍一行を見おくった。当時の記録は、義尚の偉容について、次のように伝えている。「その御形体《ごけいたい》、神工《しんこう》もまた画《えが》きだすべからず。天下壮観《てんかそうかん》、これにすぎるは莫《な》し」と（『蔭凉軒日録』）。

さて、義尚は万余の兵を率いて京都を発つと、近江坂本（滋賀県大津市）にいたってここに本営をおき、諸将に進撃を下知した。これをうけ、細川・若狭武田・京極・仁木らを主力とする先鋒隊《せんぽうたい》が南近江に侵入し、六角氏の本拠地・金剛寺城《こんごうじ》（滋賀県近江八幡市）を猛攻した。この結果、城はたちまち陥落し、大敗した六角高頼は散兵を集め、南近江の山岳地帯・

甲賀《こうか》（滋賀県甲賀市）に落ちのびていった。

すると、これを観望した義尚は、さらに六角を追いつめんとして、みずから兵を進めた。すなわち、これまで本陣をおいていた坂本を発つと、近江の鈎《まがり》（滋賀県栗東市）にいたって同地の安養寺《あんようじ》に布陣した（一四八七年一〇月四日）。次いでそこからほど近い、真宝《しんぽう》という僧侶の邸宅に移り、ここを新たな本営としたのである（一〇月二七日）。

天下の事、更《さら》にもって目出《めで》たき子細《しさい》これ無《な》し。……日本国は、ことごとくもって御下知《おんげち》に応《おう》ぜざるなり

このころ活躍した、奈良・興福寺《こうふくじ》の高僧である尋尊《じんそん》（興福寺大乗院門跡）は、応仁の乱後における世相について「天下のことで、めでたいことは何もない。多くの地域では足利将軍の威令がおよばなくなり、将軍の命令にしたがっている国々も形ばかりにすぎない」としたうえで、右に掲出した史料のように「したがって、日本国はすべて将軍の命令に服さないありさまになっている」とその日記に記して嘆いた（『大乗院寺社雑事記』文明九年一二月一〇日条）。

この尋尊の慨嘆は「応仁の乱で足利将軍がまったく勢威を失った」ことを示す好個の史料として、後世の史家にしばしば引用されてきた。しかし、将軍義尚が応仁の乱終結から一〇年を経ても、なお諸大名を軍事動員しえたことを考えたならば、尋尊の感想はいささか誇張ありといわざるをえない。将軍の勢威は応仁の乱以降、じょじょに減少していくのであって、乱後すぐさま消滅したわけではない。このことは注意が必要である。

戦塵のなかで死す

六角征伐は、義尚方の圧倒的優勢で進んでいた。そこで義尚は、鈎の軍営に腰をすえ、ここで本格的な執政をはじめた。すなわち、彼は京都から奉行衆を召しよせ、また、近臣のなかから信頼しうるもの数名を選抜して「評定衆《ひょうじょうしゅう》」という組織をつくり、その補佐をうけながら鈎の陣中で裁判などを執行していった。ちなみに、このとき評定衆となったのは、大館《おおだち》尚氏《ひさうじ》や結城《ゆうき》政広《まさひろ》、二階堂《にかいどう》政行《まさゆき》といった面々である。彼らは、義尚から政務決裁権の一部を委任され、義尚の股肱の臣としてこれを支えていった（設楽薫「足利義尚政権考」）。

この結果、義尚はこの近江の陣中においてようやく父から自立し、自身の政治を執り行うことになった。義尚の将軍としての治世は、このときにはじまったといってよい。いっぽう、父の義政は京都にあったため、この状況になす術《すべ》がなかった。しかも、彼はこのころ中風《ちゅうぶう》（脳卒中）の発作を起こし、しばしば病床に伏した。そのため、鈎の軍営にいる息子の政治に介入することは、いっそう困難であった。

さて、こうして義尚の政治がスタートした。もし、このあと義尚が近江で父の干渉を排しつつこのまま親政を行い、奉行衆以下の将軍直臣を掌握しながら着実に実績をあげていけば、どうなっただろうか。きっと、彼の声望はおのずから高まり、そうなれば、いずれ京都に凱《がい》旋《せん》したあとも、引きつづき父義政から独立して政務を担いえたことであろう。おそらく義尚とその側近たちは、そのような事態になることを目論んでいたのではないか。

しかし、実際はそうはならなかった。義尚が病に倒れてしまったからである。義尚は、もともと病弱であった。にもかかわらず、軍営で不慣れな政務に心血をそそぎ、しかも、京都から陣中見舞いに参上した公家衆や高僧たちの接遇もみずから担当した。それゆえ、彼は心労が重なり、ついに病臥《びょうが》した。

そこで、側近たちは義尚を京都で養生させようとした。だが、それはかなわなかった。宿敵・六角高頼が勢威をもり返してきたからである。

六角は一度は義尚軍に敗北した。しかし、しばらくして再起し、甲賀に立てこもるや義尚軍を翻弄しはじめた。六角勢は巧妙で、義尚配下の諸将が甲賀に攻めこむと即座に引き、諸将が撤収せんとするや奇襲を仕かけてこれを痛打した（一四八七年一二月）。そのうえ、六角は伊賀国《いがのくに》（三重県北西部）の豪族二〇〇人を味方につけ、「公方様《くぼうさま》、御開陣《ごかいじん》これあらば、皆、江州《ごうしゅう》へ打ち入るべし（義尚が京都に撤退すれば、手薄になった近江にいっせいに反撃すべし）」と談合したという（一四八八年三月。『蔭凉軒日録』）。これでは、義尚は養生のために京都に戻ることができない。

こうした状況のなか、有力大名の細川政元は、独自に六角との和平実現に動いた。細川以下の諸大名にとって、近江における長期滞陣は戦費が重くのしかかって迷惑至極であった。そこで、一日も早い終戦を望んだのだろう。政元は義尚に「せめて坂本までご帰陣されたし」と申し述べたという。

しかし、義尚は細川政元の諫言を拒否し、鈎の軍営に留まりつづけた。彼の親政はまだはじまったばかりである。当然、いまだ十分な実績をあげていない。父義政の政治干渉を排除するだけの政権基盤の構築も、まだ緒についたばかりであった。そのようななかで、いま撤退すれば何のために近江征伐を敢行したのか、わからなくなってしまう。だから義尚は帰京を拒んだ。しかしその結果、彼は養生もままならず、ついに重態となった。

義尚の生母・日野富子はこの有様を知って驚いた。そこで、彼女はすぐさま京都を発って鈎の軍営に赴くや、息子の枕頭《ちんとう》に侍《はべ》った。その甲斐もあってか、義尚は一時持ちなおした。だが、そのあと病はにわかにあらたまり、一四八九年（延徳元年）三月二六日朝、義尚は鈎の陣中で死去した。わずか二五年の生涯であった。

義尚は幼くして将軍となり、少年期にはしばしば父母に反発して奇行をくり返した。しかし、成長するにともなって将軍として独り立ちし、大軍勢を引率して近江への親征を敢行し、六角氏を討ってこれを敗走せしめた。その挙は勇にして壮といってよい。ところが、政治に干渉してくる父の義政から離れ、いよいよこれから本格的に自身の政治を始動せんとしたまさにその矢先、義尚は病気のため中道で倒れた。まさに不運というほかない。

彼の遺骸は、母の富子につき添われて鈎から京都に帰り、将軍家の菩提寺《ぼだいじ》である京都・等持院《とうじいん》に葬られた。富子は子息に先立たれ、悲嘆に暮れたという。

御台《みだい》、御輿《こし》の内《うち》にて声も惜《お》しまず、むづかりけり。知るも知らぬも、涙を流しけり

富子は、義尚の遺骸といっしょに鈎から帰京した。右の文章は、そのときの有様を伝える史料である。いよいよ義尚の遺骸と最後の別れをしなければならなくなった際、「御台（富子）は、乗っている輿《こし》のなかで声もおしまず泣いた。これを聞いた沿道の人びとも、みな涙を流した」とある（『久守記』延徳元年三月三〇日条）。富子は夫・義政とのあいだに、義尚と、僧侶になった三宝院《さんぼういん》義覚《ぎかく》という二人の男子を産んだが、義覚は六年前、一六歳の若さで早世してしまった。したがって、富子にはもはや男子は義尚しか残っていなかった。それが急逝したのだから、富子の悲嘆は想像にかたくない。だが、彼女にはまだ希望が残されていた。妹の産んだ子、つまり甥《おい》が、有力な将軍後継候補だったからである。それゆえ、富子はこの甥・足利義稙を、このあと支援していく。

2　将軍を逮捕せよ——明応の政変

将軍候補は二人あり

義尚には後継者とすべき男子がおらず、また、兄弟もすべて死没していた（庶兄の同山等賢は一四八三年三月に死去し、同母弟の三宝院義覚は同年九月に没した）。したがって、次期将軍は義尚の従兄弟たちのなかより選ばれることになった。このとき将軍候補は二人いた。

ひとりは、足利義稙である（初名は義材《よしき》。次いで義尹《よしただ》、義稙と改名）。彼は、応仁の乱の際に西軍の旗頭となった足利義視の子であり、乱後、父とともに京都を去って美濃国に没落し、このころは同地で寂しく暮らしていた（美濃国茜部《あかなべ》、現在の岐阜市茜部あたりに居住していたといわれる）。ただ、義稙は母（日野良子）が日野富子の妹であった。それゆえ、彼は伯母である富子から支援をうけていた、そして、将軍義尚が死ぬと富子に求められ、次期将軍になるべく父・義視とともに美濃から京都に乗りこんだ（一四八九年四月一四日）。

もうひとりの候補者は、清晃《せいこう》という僧侶であった。この人物は、東国鎮撫をその役目とする堀越公方・足利政知（八代将軍義政の庶兄）の子である。当時、京都の名刹たる天龍寺（同寺の香厳院）で僧侶をしていた。もっとも、清晃はまだ幼童であったうえ、京都政界に有力な支援者もいなかった。したがって、すでに成年に達し、しかも伯母である日野富子から支援をうけていた義稙のほうが将軍後継レースでは断然優勢であり、ほどなくして彼が一〇代将軍となるかと思われた。ところが、ここで意外なことが起きた。

前将軍の義政が突如、「自分がふたたび天下の政道を執行する」と宣言したのだ。これは周囲を驚かせた。というのは義政は、この時代ではすでに老人である五四歳であり、そのうえ数年前から中風の発作をくり返し、目も患うなど病身だったからである。だが、義政は引き下がる様子もない。天皇（後土御門天皇）に願って「再登板しても問題なし」との勅語を下してもらうなど、執政につよい意欲を示した。こうなると、もう誰にも義政を止められない。

その結果、義政がふたたび政治の実権を握ることになった。その後、義政はまた中風の発作を起こし、右半身が麻痺《まひ》して公文書に花押を書けなくなった。ところが、それでも彼は執政をやめようとしなかった。印章（ハンコ）を使って政務を執りつづけたのだ。まさに驚くべき執念といえよう。今日、義政については「芸術文化にしか興味をもたず、政治には無関心だった風流貴公子」と評されることが多い。しかし、そうした評価は完全な誤りである。義政は、政治権力につよい関心を持ちつづけた。

それは、政治権力が彼の愛してやまない芸術文化と不可分の関係にあったからであろう。政治の実権を握っているからこそ、義政は財貨を手中にすることができる。そして、財貨を手にしうるからこそ、東山殿の造営など、理想の美を追求することが可能になった。だから、義政は権力を欲した。そして、息子・義尚の政治にしばしば干渉し、今回も病苦に堪えつつ政務を担った。

とはいえ、将軍の仕事は激務である。それゆえ無理がたたったのか、義政は何度目かの中風の発作を起こし、病臥した。そして、その後ついに再起をはたすことができないまま、京都・東山殿において没した。時に一四九〇年（延徳二年）正月七日のことである（享年五五）。ちなみに、義政の愛した東山殿はその遺言によって寺となった。これが現在の銀閣寺である。

義稙が将軍となる

かくして将軍義尚も、前将軍である義政もこの世を去った。その結果、日野富子が将軍家を代表する立場になった。彼女は将軍の生母であり、前将軍の正妻でもあったからである。

富子は甥の義稙を支援していた。それゆえ、大名たちも義稙を次期将軍として支持した。先述したように、将軍家の後継問題は、大名たち自身の問題であると同時に将軍家という「家」の問題でもあった。その将軍家を代表する富子が後継者として義稙を推していたのだから、諸大名もこれに同意したのである。ただし、有力大名の細川政元が「清晃を支持している」との風評があった。そこで、義稙は将軍宣下《せんげ》（任命）の儀式を、京都の細川政元邸で実施し、これによって細川もまた義稙支持であることを天下に示した。

こうして、義稙が一〇代将軍となった。一四九〇年（延徳二年）七月のことである（二五歳)。ただし、義稙は一二歳からこの直前まで美濃で暮らしていたこともあって、政治経験に乏しかった。そこで、彼は父の義視を頼りにした。父は応仁の乱の際に西軍の旗頭として活躍するなど、それなりに政治の経験があったからである。

その結果、義稙の将軍就任にともなって、その父・義視が政治に関与することになった。すると、義視は日野富子の排斥に動いた。富子は義稙の将軍就任を実現させた功労者である。だが、それだけに義視・義稙父子にとっては目ざわりな存在であった。そこで義視は、富子が清晃に小川御所(前将軍義尚が使っていた京都の邸宅)をあたえようとしていたことを咎《とが》め、彼女に引退を迫った。これにたいし、富子は無用な諍《いさか》いを避けようとしたのか、さして抵抗もせずに政治の表舞台から退いた。

さて、義視はかくして将軍義稙の地位を盤石なものとし、いよいよ息子とともに政治を主導せんとした。ところがこの直後、義視は不運なことに病に倒れ、養生の甲斐なく死去してしまった(一四九一年正月七日。享年五三)。

父・義視の死は、将軍になったばかりの義稙にとって大きな打撃であった。なぜならば、父は政治経験も人脈もない義稙にかわり、将軍家と直臣衆・諸大名とを結びつける要《かなめ》となっていたからである。それゆえ、義稙と側近たち(葉室光忠《はむろみつただ》ら)は、あらためて直臣・大名たちとの団結を深める必要に迫られた。そこで考え出されたのが、戦争であった。

そもそも、戦争は組織の結合をうながす良策である。皆で「共通の敵」に立ちむかえば、団結はいやがうえにも高まってくるからである。それゆえ、義稙は戦争を決意した。ねらうは、近江の六角氏（六角高頼）である。六角は前将軍義尚の親征をうけて没落した。しかし、義尚の急逝による大名軍の撤退をうけ、このころはすでに再起していたからであった。

こうして、二度目の近江六角征伐が敢行されることになった。時に一四九一年（延徳三年）八月のことであり、義稙の将軍就任から一年あまりのちのことであった。

将軍も縁上《えんじょう》をば通《とお》り給《たま》わず、地上《ちじょう》を通り給うていなり

義稙は、父・義視といっしょに美濃から帰京すると、妹の住む京都の尼寺・曇花院を仮御所（三条御所と称される）として父と同居したが、父はほどなくして病臥してしまった。すると、義稙は痛心のあまり動揺し、家臣たちに父の病床付近で音を立てることを禁じたうえ、自身も病室の近くでは音の発することをおそれ、縁側を歩かず、庭に下りて地上を歩いた。右に示した史料は、このことを伝える『雅久宿禰記《まさひさすくねき》』（延徳二年一一月三日条）の記事である。こうした義稙の態度からは、彼が父・義視とは良好な関係にあったことをうかがわせる（この点は、父・義政との対立が目立った前将軍義尚とは対照的である）。

なお、義視は、兄の義政が死去したちょうど一年後、兄とおなじ正月七日に死んだ。もとより、これは単なる偶然であるけれど、義政・義視兄弟が年こそ違え、同日に没し

たことは、応仁の乱の際に敵対しあったこの二人の因縁を感じさせよう。

親征はじまる

義稙は六角親征を決断するや、ただちに諸大名に「参陣せよ」との号令を発した。これをうけて細川政元以下、数多くの大名たちが義稙のもとに参集した。集まった兵の数は、故義尚による前回の近江親征のとき以上であったという。義稙はこうして集まった万余の大兵を直率し、京都を出陣して近江に向かった（一四九一年八月二七日）。そして、三井寺《みいでら》（同寺の光浄院）を本営とし、そこから配下の諸将に進撃を下知した。

これにたいして六角高頼は、義稙軍が迫ってくると前回同様、甲賀に籠城し、ここを本拠に頑強に抵抗したが、義稙軍に圧倒されて各地で大敗を喫した。この戦況に義稙は満悦し、軍功をあげた諸将に手ずから褒賞を授け、彼らとの絆を深めようとしていった。

このように近江での戦いは、義稙軍有利で進んだ。そこで、義稙は自身で総攻撃を仕かけんと決した。すなわち、みずから大兵を率いて三井寺の本営を出陣するや、諸将とともに琵琶湖を渡り、近江国奥地にまで進撃したのである（一四九二年一〇月一六日）。そして、たちまち六角氏の本拠地・金剛寺城を攻め落とし、甲賀を含めた近江全域を制圧した。六角高頼はこれに閉口し、伊勢国方面に遁走したという。

しかし、義稙はここで撤退した。彼は、故義尚のごとき長期滞陣の愚をおかさなかった。すなわち、金剛寺城で凱歌をあげるや、即座に兵を退けたのだ。義稙にとって、この戦いで諸大名や将軍直臣らとの団結を深め、また、内外におのれの武威《ぶい》（武の威力）を示し、自身に将軍としてふさわしい力量のあることを世間に証明することができればそれでよかった。それゆえ、義稙は戦いに一区切りをつけると、馬首を西に向け、諸将を率いて京都に凱旋した（一四九二年一二月一四日）。つまり、彼は「目標を明確にし、圧倒的な兵力を投入して短期間で勝利する」（千々和泰明『戦争はいかに終結したか』）という、古今東西の戦争に共通するセオリーどおりの戦いをしたわけである。

だが、そのあとがいけなかった。義稙は別の戦いをはじめようとしたからである。すなわち、彼は近江から京都に凱旋するや「次は、河内国《かわちのくに》（大阪府東部など）の大名・畠山基家《もといえ》を親征する」と宣言した。これは、重臣である有力大名・畠山政長の要望を受けいれてのことである。政長は、長いあいだ畠山氏当主の地位をめぐり、従兄弟の畠山義就《よしひろ》と戦った。そして義就が死ぬと、今度はその嫡男である畠山基家と争った。だが、政長は苦戦した。そこで、彼は義稙にたいし、「宿敵・畠山基家を討伐してほしい」と願いでたのである。義稙はこれを承知した。

また、義稙は同時に「その次は、越前国《えちぜんのくに》（福井県北東部）にまで親征する」との決定も下した。これも、やはり重臣の有力大名・斯波義寛《よしとお》の願いを聞きいれてのことであった。越前は斯波氏の領国であったが、当時、家臣の朝倉氏《あさくら》（朝倉貞景《さだかげ》）に奪われつつあった。そこで、斯波は義稙に「朝倉を討ってもらいたい」と願ったのだ。義稙はこれも承諾した。

それにしても、なぜ義稙はこのように畠山・斯波の求めに応じたのだろうか。実は、ここには義稙の計算があった。この当時、諸大名のなかで最大の勢威を有していたのは、細川・畠山・斯波の三氏であった。とりわけ細川一門は、畿内や四国に数ヵ国の領国をもち、三大名中、最大の富強を誇っていた。それゆえ、義稙は細川政元（細川一門の惣領）を頼りにした。しかし、義稙にとって細川政元があまり台頭しすぎることは、危険でもあった。そこで、義稙はバランスをはかるべく、畠山・斯波の要望を聞きいれてやった。こうすることで、細川に匹敵する勢威をもつこの二氏を取りこみ、細川に対抗させようとしたのだ。

さらに義稙は、細川一門の阿波《あわ》細川氏をも味方に引きいれようとした。同氏は、阿波国（徳島県）を領する有力大名であり、細川一門のなかでは、惣領・細川政元に次ぐ勢威を有する実力者であった。

そこで、義稙は阿波細川氏の当主にたいし、「義」の偏諱《へんき》（名前の一字）をあたえて細川義《よし》春《はる》と名乗らせたうえ、京都・一条油小路《あぶらこうじ》にある同氏の邸宅を将軍御所とした（一条御所）。当時、将軍から偏諱（とりわけ将軍家の通字である「義」の字）を賜与されたり、自邸が御所になったりすることは、きわめて栄誉なこととされていた。義稙は、阿波細川氏にこうした殊遇をあたえることでこれを味方にし、細川政元封じこめに利用せんとしたのである（このように「有力大名の庶流家を取り立てることで、大名惣領家の牽制をはかる」というのは、これまでも歴代将軍が実施していた、有力大名抑制策のひとつであった）。

さて、こうして義稙は、細川政元を頼りにするいっぽうで、畠山・斯波・阿波細川氏らを取りこんで政元を封じようとした。それゆえ、細川政元も対抗策を講じる必要に迫られた。そこで、彼は思いきった行動に打ってでる……。

明応の政変

一四九三年（明応二年）、義稙は重臣・畠山政長の願いを聞きとどけ、河内の畠山基家を討つべく諸大名に動員令を下した。これをうけ、大名たちはふたたび義稙のもとに参陣し、「雲霞《うんか》の如き」（『大乗院寺社雑事記』）大軍が集まった。しかし、諸大名のあいだでは、厭戦気分がひろがっていた。

前回の近江親征が終了して、まだ半年もたっていないのにまた出陣である。しかも、「河内での戦争が終われば、今度は越前に向かう」という。立てつづけの動員に、大名たちは疲弊した。そのうえ、河内での戦争は、畠山氏内部のいわば私戦であり（畠山家督をめぐる、政長と基家の争い）、越前のそれも、やはり斯波氏内部の私戦であった（越前支配をめぐる、斯波氏と重臣朝倉氏の争い）。したがって、たとえ勝利したとしても大名たちに益は少ない。しかも戦勝となれば、義稙の将軍としての立場はよりいっそう強化されよう。だが、諸大名にとって「つよすぎる将軍」は脅威であり、好ましいものではなかった。

このような状況を知ってか知らずか、義稙は、畠山政長以下の諸大名・諸将を親率して京都を出陣し（一四九三年二月一五日）、河内国にいたった。これにたいし、畠山基家は各地に営塁を築いて防備の体制をととのえた。しかし、数でまさる義稙軍に圧倒され、たちまち本拠地の高屋城《たかや》（大阪府羽曳野市）に追いつめられた。こうして戦いは義稙方の優勢で推移した。義稙は正覚寺《しょうかくじ》（大阪市平野区）に本営を設け、高屋城攻略の最後の追いこみに取りかかった。彼は戦勝に酔って、危機がすぐそばに迫っていることに気づかなかった。

そして、異変が生じた――。

義稙留守中の京都において、細川政元が義稙打倒の兵を挙げたのだ。時に一四九三年（明応二年）四月二二日晩のことである。世にいう「明応の政変」のはじまりであった。政元は挙兵するや、かつて将軍候補であった清晃（義稙の従兄弟）を新将軍として擁立した。そして、これを遊初軒《ゆうしょけん》という寺に入れ（遊初軒は、九代将軍義尚の御所〔小川御所〕跡に建てられた寺）、次いで自邸に彼を招いて主君として立てた。

このとき、日野富子は細川政元に同調し、清晃支持にまわった。富子は京都にあって、清晃・政元陣営を「悉皆《しっかい》、指南《しなん》申《もう》され」（『大乗院寺社雑事記』）ていたという。彼女はこのころ、政治の第一線からは退いていた。しかし、いまだ世間から「御台所（将軍の正夫人）」と尊称されるなど、なお将軍家を代表する人物だと見なされていた。その富子が、ここで義稙の廃位に動いたのだ。

これは、義稙が近江、河内へと立てつづけに戦争を敢行し、諸大名に不満をいだかれていたからだろう。将軍家は、地方支配や軍事面で大名たちに依存する仕組となっている。そうである以上、大名たちとの関係悪化は、将軍家の存立を危うくしかねなかった。それゆえ、富子は義稙が実の甥であったにもかかわらず、その廃位に動いたのである。

所詮《しょせん》、代々《だいだい》武家《ぶけ》申《もう》すの旨《むね》、転変《てんぺん》の儀といえども、ただ申す旨にまかさるの条《じょう》、古来《こらい》の事なり

明応の政変が起こると、時の天皇、後土御門天皇は驚愕《きょうがく》し、恐怖のあまり退位せんとした。すると、側近の公家から諫言を呈された。右に示した文章がその諫言であり、「天皇はいかなることであっても、将軍の言うとおりにするのが古来の例である」とある。これを聞き、天皇は退位を思いとどまった（『親長卿記』明応二年四月二三日条）。

近年、戦国期天皇についての研究が進み、その結果、この時代の天皇が公家や寺社間の裁判を活発に実施するなど、決して「飾りもの」というわけではなかったことが明らかにされている。しかし、天皇は足利将軍の支援によって存続しており、それゆえ、将軍の意向を無視できず、将軍の許可のないままでは退位することもできなかった。

虜囚の辱めを受く

富子が細川政元の支持にまわり、清晃擁立に同意したことは、明応の政変の意味を一変させたといえる。

そもそも、政元は主君である義稙に歯向かい、清晃を立てた。これはあきらかに将軍家にたいする反逆行為である。そして主君への反逆は、この時代であっても「不正な行為」とされ、世間から厳しく指弾されるものであった。ところが、日野富子という、将軍家を代表するような人物だと世評されているものが、細川政元の行為に承認をあたえたのだ。このことは「政元の行為は、将軍家への反逆ではない」、「清晃も、細川政元によって勝手に立てられた不正な存在ではなく、正統な足利氏当主である」ことを世間に示すことになっただろう。

また、富子の政元支持は、河内で義稙に従軍する将軍直臣（「奉公衆」と称された将軍家直属の武士たち。徳川将軍の旗本・御家人にあたる）らに激しい動揺をあたえることにもなった。直臣たちの主君は、もとより将軍たる義稙である。だが、義稙は将軍になってわずか二年ほどしか経っていない。しかも、その前は地方（美濃国）に居住していたから、義稙と直臣らとのあいだには深い絆がいまだ十分には醸成されていなかった。これにたいして富子は、将軍家に嫁いですでに四〇年近くにもなり、その間、将軍の正妻、そして将軍生母として直臣たちのうえに君臨しつづけてきた。さすれば直臣たちにとって富子は主君に準じる存在であり、彼らには、将軍たる義稙よりも富子のほうがずっと親近感があったことだろう。

そのためか、将軍直臣らは「富子が細川政元に味方している」と知るや、その大多数が、いまだ政変の成否が定まっていなかったにもかかわらず即座に義稙を見捨て、河内から富子のいる京都に舞い戻ってしまった。このことは、義稙にとって大きな打撃になったと思われる。なぜならば「義稙には将軍としてふさわしい器量がない」ことを世間に露呈することになったからである。

そもそもこの時代、将軍にしろ大名にしろ、人の上に立つものは、おのおのの支配領域内において平和と秩序を維持する責任があり、したがってこの責任をまっとうするだけの器量をもたなくてはならない、とされていた。そして、この責任をはたすには家臣たちの支持が欠かせないから、家臣たちの支持をえているかどうかが器量をもっていることの目安とされた（佐藤進一『日本中世史論集』）。ところが、義稙は政変直後、自分に最も近しいはずの将軍直臣すら繋《つな》ぎとめられなかった。このことは、義稙が人の上に立つ将軍として欠格である、ということを内外に示すことになったといえよう。

こうしたこともあって、義稙とともに河内の陣中にあった大名たちは、いずれも義稙を支援せず、様子見を決めこんだ。ただし、重臣・畠山政長だけは義稙支援にまわった。政長はこれまで義稙から厚遇されてきた（義稙が河内に出陣することになったのも、政長が要請したからであった）。それゆえ、危機に瀕した義稙を見捨てられなかったのだろう。

そこで義稙は、この畠山政長とともに河内・正覚寺《しょうかくじ》城に籠城し、京都から迫りくる細川政元軍を迎え撃たんとした。だが、頼みとしていた支援部隊が、堺（大阪府堺市）で細川方に大敗を喫してしまった。そのため、義稙の立てこもる正覚寺城は無援の孤城となった。義稙は、これを知って万策尽きたことを悟ったのであろう、城を出て細川方の将に降を乞うた。時に一四九三年（明応二年）閏四月二五日のことである。義稙に最後まで従っていた主な直臣は、わずかに三九名だったという。

その後、義稙は細川方によって捕縛され、その身を京都に護送された（五月二日）。この四ヵ月前に彼は、万をもって数えるほどの大軍を親率し、京都を堂々と出陣した。それが一転し、虜囚の辱めをうけて京都に戻ってきたわけである。現任の征夷大将軍が逮捕されるなど、前代未聞のことであった。なお、義稙の重臣・畠山政長は、降伏しても命はないと考えたのか、正覚寺城で自刃して果てた。ただし、その息男の尚順《ひさのぶ》は城を脱出し、領国のひとつ、紀伊国《きいのくに》（和歌山県）に逃亡した。

さて、このあと義稙は、京都・龍安寺《りょうあんじ》に幽閉され、次いで細川家臣（細川政元の重臣・上《うえ》原元秀《はらもとひで》）の京都邸宅に押しこめられた。もとより、彼の将軍位は廃され、日野富子や細川政元によって擁立された清晃が、かわって一一代将軍に就任することになった。その後、清晃は還俗し、のちに足利義澄《よしずみ》と名のっている（一四歳。初名は義遐《よしとお》、次いで義高《よしたか》、義澄と改名）。

こうして明応の政変は、反乱軍の勝利というかたちで終わった。しかし、実はこれは「終り」ではなかった。このあとにつづく大動乱の「はじまり」であったのである。それは、この直後、思いもよらない事件が起きたからであった。なんと、義稙が脱走したのだ。

今日、聞く。武家近習《きんじゅう》・外様《とざま》・奉行《ぶぎょう》・頭人《とうにん》ら、大略《たいりゃく》、昨今河内陣《さっこんかわちのじん》を落ち、出京《しゅっきょう》すと云々《うんぬん》

これは、明応の政変発生から四日後、四月二六日における有様を伝える史料であり、「今日、聞く。義稙につかえる近習や奉行衆以下の将軍直臣が大略、河内における義稙の陣所を脱して帰京してしまったという」とある（『親長卿記』明応二年四月二六日条）。

直臣衆の義稙からの離反は、政変の起きたわずか三日後の四月二五日から早くも本格化していた。この日、義稙の河内陣所から将軍直臣たちが五〇～六〇人も抜けだして帰京したという。そして翌二六日には右にあげた史料にあるように、直臣衆の大多数が義稙を見捨て、日野富子のいる京都に戻ってきてしまったわけである。この時点では政変が成功するか否か、いまだ確定的ではなかった。にもかかわらず、将軍直臣の大半が義稙から離反し、富子のいる京都に舞い戻ったのであり、このことは、直臣衆にとって富子の存在がいかに大きなものであったかを示している。

第二章　「二人の将軍」の争い
——義稙と一一代将軍義澄

1　義稙が脱走す

北陸で再起をはかる

明応の政変によって義稙《よしたね》は逮捕され、京都に連行されて幽閉された。その後、世間では「義稙は小豆島《しょうどしま》（香川県）に流される」という噂《うわさ》が広まっていたという。

そうしたなか、義稙に暗殺の魔の手が忍び寄ってきた。毒を盛られたのだ。ただし、運よく彼は一命をとりとめた。この事件の犯人は不明であったが、「日野富子が黒幕ではないか」とささやかれた。富子が裏で糸をひいていた可能性は十分にある。義稙が生きていることは、富子にとって将来の禍根になりかねなかったからである。

こうしたことから、義稙は身の危険を感じたのであろう。彼は嵐の晩、監視の目を盗んで幽閉先から脱走した。一四九三年（明応二年）六月二九日のことである。義稙は京都を去るや、北陸の越中国《えっちゅうのくに》（富山県）に奔《はし》った。越中は、故・畠山政長（義稙を最後まで支援して自刃した元重臣）の領国だったからである。義稙は無事、越中の放生津《ほうじょうづ》（富山県射水市）に到着した。そして、政長の旧臣・神保長誠《じんぼながのぶ》らに迎えられて一安をえると、ただちにここで京都奪還・将軍復帰をめざして反撃の兵を挙げた。これを知り、北陸の大名らが続々と義稙に忠誠を誓い、彼を「将軍」としてあおいだ。

いっぽう、京都の将軍義澄や細川政元らは、義稙の脱走を知って驚き、すぐさま越中に鎮圧の軍をつかわした。だが、あえなく敗北してしまった。そのため、京都では「義稙が即座に報復の軍をあげ、京都まで攻めこんでくる」かのような噂が飛びかい、人びとは恐怖におののいた。公家衆のなかには、義稙方に暗に内応して投降を約するものもあったという。なお、このころ京都では地震が頻発し、一四九八年（明応七年）八月には東海地方を中心に、「明応地震」と今日呼称される大地震が発生して京都も揺れた。こうした天変地異は、諸人をいっそう不安におとしいれた。

しかし、義稙がすぐに京都に進攻してくることはなかった。それは、北陸諸大名の動きがにぶかったからである。北陸の大名たちは、義稙が越中に下ってくると支援を約束した。だが、兵を提供することまではしなかった。それゆえ、義稙は直属軍を持ちあわせていないこともあって、京都に容易に進撃することができず、しだいに手づまりになっていった。

そこで、義稙の周辺では「中国地方の有力大名・大内義興《おおうちよしおき》に上洛を求め、その兵力を使って京都を奪還してはどうか」との声があがった（大内は親義稙派であった）。だが、越中で義稙を支えていた地元の武士・神保長誠らはこれに反対し、「大内はあてにならない。それよりも、京都の将軍義澄や細川政元と和睦すべきだ」と主張した。神保らが和睦案を主張したのは、もし大内氏が出馬してくるようなことになれば、これまで義稙を支えてきた自分たちの存在感が、相対的に低下しかねなかったからであろう。

けっきょく、義稙の意向もあって和睦方針が採用された。この結果、越中の義稙と京都の細川政元とのあいだで、和睦交渉が進められることになった。政元は義稙派の脅威に悩まされていたから、この和睦に乗り気であった。それゆえ、交渉は順調に進み、ついに和睦成立寸前にまでいたった。ところが、最終段階で細川一門から和睦反対の声があがったため、交渉は決裂し、和睦は成立せずに終わった。

いきづまる情勢

義稙は和睦交渉の決裂を見て、徹底抗戦・武力による京都奪還へと方針を転換した。しかし、肝心の兵力がない。そこで彼は越中を去り、越前国《えちぜんのくに》（福井県北東部）に移座した（一四九八年九月)。同国の大名で、北陸随一の大兵を擁する朝倉氏(朝倉貞景)を頼ったのだ。

するど朝倉氏は、義稙を受けいれてこれを厚遇した。もっとも、朝倉の本音としては、義稙を忌避したかっただろう。義稙を保護すれば、朝倉は京都の義澄派(細川政元ら)と対立することになる。しかし、朝倉には義澄派と事を構えなくてはならない特段の理由は、なにもなかったからである。

とはいえ、朝倉氏としては、義稙をすげなく追いはらうこともできなかった。なぜならば、そのようなことをすれば朝倉氏は、自分を頼ってその領国に駆けこんできた前将軍すら助けることのできない「頼もしからざる」大将、ということになってしまうからである。そのようなことになれば、朝倉の同盟諸将は、いざというとき朝倉を頼っても支援されないのではないかと不安になり、リスクをおかしてでも朝倉を支えよう、とは思わなくなるだろう。

だから、朝倉氏は義稙を受けいれた。もっとも、兵を出すことはなかった。それゆえ、義稙は朝倉氏の本拠である一乗谷《いちじょうだに》(福井県福井市)にしばらく滞在したあと、越前の府中(福井県越前市)に移座し、ここで雌伏することを余儀なくされた。

いっぽう、京都の義澄も苦境にあえいでいた。彼は明応の政変に際し、日野富子や細川政元にかつがれて将軍となった。しかし、義澄の後見人というべき富子は、政変からわずか三年後に死去してしまった(一四九六年五月二〇日。五七歳)。また、義澄の支柱である細川政元も、宿敵・義稙と和睦しようとするなど、腰が定まっていなかった。

しかも、各地の諸大名も義澄とは距離をとった。もとより、義澄は現任の征夷大将軍である。しかし、彼のもとに多くの大名たちが結集してくることはなかった。このことは「天皇から征夷大将軍に任じられた」ことが、政治情勢を決定的に左右するわけではなかったことを示している。

このように、京都の義澄のもとにも、越前の義稙にも、大名たちは(忠誠は誓うものの)積極的に兵を送ってこなかった。この少し前に実施された、故義尚や義稙による近江《おうみ》や河内への親征に際しては、数多くの大名たちが大兵を率いて将軍のもとに雲集した。にもかかわらず、なぜ大名たちはこうした姿勢を見せたのか。

それは、明応の政変で義澄・義稙という「二人の将軍」が出現し、しかも、どちらが最終的に勝利をえるのか、その帰趨《きすう》が定かでなかったことが大きいだろう。こうした状況では、「二人の将軍」の、どちらか片方のみに過度に肩入れすることは危険であった。もういっぽうが勝利したときに困るからである。そこで、大名たちは「二人の将軍」のいずれとも距離をとり、領国経営のほうに注力していった。その結果、以前から進んでいた、将軍にたいする大名たちの自立傾向がいっそう顕著になっていった。

方今《ほうこん》、天下諸侯《てんかしょこう》、在国割拠《ざいこくかっきょ》し、……我《われ》を視《み》るに、外人《がいじん》を視るがごときなり義稙は、北陸諸大名の支援を受けられずに伸び悩んだが、京都の義澄のほうも、大名たちから協力をえられずに苦慮した。右に掲出した文章は、孤独感に悩む義澄がその思いを侍臣に吐露したもので、その全文の意味するところは以下のごとくである。「現在、天下の諸大名は勝手に在国・割拠し、将軍直臣や寺社本所の土地を奪いとっている。そのうえ、大名たちが私を見ること、外人を見るがごとしである。我が命令には効なく、我が左右に侍《じ》する者は、困窮していかんともしがたい。私はいまだ若輩ゆえ、政治を側近の伊勢貞宗《いせさだむね》にゆだねているが、伊勢もこの状況になす術《すべ》がない」というのである（『鹿苑日録』明応八年八月二二日条）。

また、義澄はこのとき次のようにも述べたという。「今から九年後には、三代将軍義満公の百年忌仏事がある。そのときは私は二八歳になっている。さすれば、それまでには四海太平をえたいものだ」というのである。しかし、後述するようにこの九年後には、義澄の政権は崩壊寸前になっていた……。

大敗した前将軍

こうしたなか、畿内で大きな政治的変動が起きた。

明応の政変の際、義稙に殉じて自刃した重臣の畠山政長には嫡男があった。畠山尚順《ひさのぶ》である。彼は政変後、領国である紀伊国《きいのくに》に逃げ、ここで復讐《ふくしゅう》の機会をうかがっていた。その尚順がついに紀伊で挙兵したのだ。彼は、明応の政変を引き起こして父を自刃に追いこんだ細川政元の打倒、および、亡父が支持していた義稙の将軍復帰をめざし、京都に向けて進撃を開始した。そして、細川方の営塁をつぎつぎと抜くや、たちまち畿内の南半分を制圧するにいたった。一四九九年（明応八年）正月末のことである。

すると、越前にあった義稙は、このような畿内の情勢を観望して「京都奪還の好機だ」と判断した。そこで、彼は畠山尚順と連絡を取りあうと、みずから越前より京都に向けて出陣せんとした。だが、外護者である朝倉氏から反対された。このころ、飢饉《ききん》が深刻化しており、兵粮《ひょうろう》不足が懸念されたからである。しかし、義稙は朝倉の制止をふり切り、手勢のみを率いて越前を出陣して京都に迫った（一四九九年七月）。

この結果、京都は、北（義稙）と南（畠山尚順）とではさみ撃ちとなった。こうした状況に、京都・畿内の人びとは「応仁以来かくの如きこと、これなし」（『大乗院寺社雑事記』）と恐怖した。

とりわけ、将軍の義澄は京都にあって震えあがった。彼は恐怖のあまり、相国寺《しょうこくじ》（京都の禅宗名刹）に「将軍直臣に貸与するので甲冑《かっちゅう》を供出せよ」と命じた。そして、相国寺が「法服もそろっていないのに、甲冑など持ちあわせていない」と拒否すると怒り、「では、今日中に千貫文（一億円くらい）を軍費として献金せよ。さもなければ寺を破却する」と口走り、側近の伊勢貞宗に諫止される有様であったという。
いっぽう、義稙は、率いる兵は少数であったものの越前から快進撃をつづけ、たちまち坂本（滋賀県大津市）にいたった。京都はもう指呼の間である。ところが、義稙はこのとき思いがけない事態に遭遇する。近江の大名・六角高頼から奇襲をうけたのだ。六角は、かつて義稙から征伐されて滅亡寸前にまで追いこまれたことから、ここで義稙にたいして報復の軍をあげたのである。

この結果、坂本の義稙軍はたちまち大混乱となり、潰敗してしまった。時に一四九九年一一月二二日のことである。このあと義稙は逃げに逃げ、遠く周防国《すおうのくに》（山口県南東部）に奔った。かねてから義稙とよしみを通じていた、当地の有力大名・大内氏（大内義興）を頼ったのだ（越前に戻らなかったのは、北陸の大名たちは頼りにならないと判断したからであろう）。

このような状況を前にして、義稙と連携する畠山尚順も、いったん本拠地の紀伊に撤兵した。そして翌年、尚順はふたたび挙兵して京都に迫ったが、細川政元に反撃されて大敗を喫し、多くの兵を失って退却した（一五〇〇年九月）。こうして義稙派は、畿内においてほぼ壊滅してしまった。

時に京兆《けいちょう》・武田《たけだ》・伊勢《いせ》、相公《しょうこう》前にあり。……報《ほう》じて曰《いわ》く、敵軍すでに敗《やぶ》れり。義材《よしき》戦袍《せんぽう》奪《うば》い来《きた》る京都の五山禅僧たちは「義稙が坂本まで進出してきた」との報に接すると、将軍義澄のために戦勝を祈禱《きとう》し、相国寺鹿苑院の景徐周麟《けいじょしゅうりん》が代表して将軍御所に参って見舞いを上申した。すると、ちょうどそのとき、義澄（相公）を前にしてその政権を支える三将――細川政元（京兆）・武田元信《もとのぶ》・伊勢貞宗が対応策を協議している最中であった。そこに、坂本から急報が届いた。「敵軍はすでに敗走し、義材《よしき》（義稙のこと）の戦袍（陣羽織）を奪いとった」というのである。これを聞いて義澄や左右のものたちは「祈禱のおかげだ」と大いに喜び、景徐周麟を召して酒をあたえたという。右にあげたのは、こうしたことを伝える『鹿苑日録』の記述であり（明応八年一一月二二日条）、簡潔な文章表現ながら、義澄や細川政元らがいかに緊張していたかをよく伝えている。

2 苦悶する義澄

対立する義澄と政元

将軍義澄は明応の政変以来、ライバルである義稙の侵攻に悩まされつづけてきた。しかし、ここに義稙派は壊滅し、義澄はその脅威からようやく解放されることになった。

ところが、この直後から義澄は、最大の支柱というべき細川政元と対立していく。その理由のひとつは、皮肉なことに義稙派が壊滅したことにあった。

義稙派は義澄・政元の二人にとっては「共通の敵」であった。それゆえ、その勢いが盛んなときは、多少の軋轢《あつれき》があっても二人はたがいに協力しあい、団結を保つことができた。しかし、この共通の敵がいなくなってしまったことで、両者のあいだでは団結がゆるみ、対立が目立つようになっていったのである。また、義澄はすでに二〇歳を超え（明応の政変で将軍に迎立されたときは、まだ一四歳の若年であった）、みずからの意思を積極的に表明するようになっていた。このことも、義澄と政元との対立を生みだしていった。

二人の対立がはじめて表面化したのは、一五〇一年（文亀元年）正月のことである。畿内で義稙派が一掃されてから、わずか半年後のことであった。このとき、政元は「大樹《たいじゅ》（義澄）と不快」になって、義澄のもとに出仕しなくなった（『後法興院記』）。その後、政元は出仕を再開したが、しばらくすると義澄への不満から「隠居」と称し、重臣宅に引きこもってしまった（一五〇二年二月）。

この件は、義澄が政元のもとに出むき、彼をなだめたことでなんとかおさまった。ところがその後、今度は義澄が政元への不満から「隠居」と称し、京都郊外・岩倉（京都市左京区）にある金龍寺《こんりゅうじ》という寺にこもってしまった（一五〇二年八月四日）。このとき、義澄は政元にたいし、七ヵ条におよぶ要求を突きつけたという（五ヵ条説もあり）。そのなかには「実相院《じっそういん》義忠《ぎちゅう》僧都を討つ」こともふくまれていた。

実相院義忠というのは、前将軍たる義稙の異母弟である。彼は、兄義稙の京都脱走後も在京しつづけ、当時は僧侶として京都の実相院に住していた。どうやら義澄は「政元は自分を廃し、この実相院義忠を新将軍に立てるつもりではないか」と疑っていたようである。そこで、政元にその殺害を求めたのだ。これをうけて政元は、やむなく家臣に命じて実相院義忠を討ちはたした（享年二四）。すると、義澄はこれに満足したのか、この直後に金龍寺から京都に戻った。

ちなみに、義澄が引きこもった金龍寺という寺は、「妙善院《みょうぜんいん》」ともいい、亡き日野富子に所縁《ゆかり》のある寺であった（富子の山荘跡地に建立された。なお、妙善院とは富子の院号である）。義澄は、わざわざこのような寺を選んで籠居したわけである。そこには、彼が権臣・細川政元に勝手に擁立された「不正な」将軍ではなく、日野富子という、将軍家を代表する人物から譲りをうけた「正統な」将軍であることを内外に示す、との意図があったといえよう。

今夜、実相院門主《じっそういんもんしゅ》、参《まい》らるのところ、数刻《すうこく》、御対面《ごたいめん》無《な》し。その後、細川へ仰《おお》せられ、誅《ちゅう》せらる

実相院義忠は、金龍寺に引きこもった義澄に見舞いを述べるべく同寺に参上したが、数時間も謁見を許されず、そのあと義澄の上意をうけた細川政元によって討たれてしまった。右の文章は、そのことを伝える史料である（『実隆公記』文亀二年八月五日条）。

実相院義忠は、前将軍・義稙の異母弟であるが、明応の政変後も京都にとどまっていた。それは、日野富子に保護されていたからである。ちなみに富子は、義稙の妹・曇花院殿（祝渓聖寿）も庇護《ひご》した。たとえば、義稙が京都の幽閉先を脱走した際、曇花院殿は「義稙のゆくえを知っているのではないか」と細川方に疑われ、窮地におちいった。すると富子は、曇花院殿の求めに応じて彼女を守り、大事にいたらしめなかった。

富子は、明応の政変に際しては義稙と対立したが、将軍家を代表するものとして、一族である義稙の弟妹たちを政変後もきちんと守ったのである（富子は実相院義忠を、義澄に万が一のことがあった場合の後継者スペアとして手もとに置いておこうとしたのかもしれない）。だが、その富子も明応の政変から三年後にこの世を去った。その結果、実相院義忠は庇護者を失い、ついに誅されてしまった。

たがいに補完しあう

このあとも、義澄と細川政元の対立はつづいた。当時の記録には「公方（義澄）御進退《ごしんたい》、毎事、細川の意に違《たが》う」とか、「近日、大樹（義澄）と京兆（政元）不快の由、その聞こえあり」といった記事が数多く見られる（『大乗院寺社雑事記』他）。

ところで、義澄については、学界では長らく「政元の傀儡《かいらい》にすぎなかった」と評されてきた。しかし、このように義澄が政元と対立していたことは、この傀儡説が誤りであることを物語っている。

義澄は、将軍に立てられてしばらくすると、京都の政元邸を将軍御所とし、政元と同居した（二人の居宅は垣で隔てられ、門は別々であったという。『宣胤卿記』）。こうしたこともあって、義澄傀儡説が生まれたのだが、義澄は、金龍寺にこもって政元に実相院義忠殺害を承諾させたのをはじめ、その後も対大名政策をめぐって政元と激しく口論したり（一五〇五年正月）、政元にとって不都合な、寺社本所領押領禁止令などを下したりしていた（一五〇六年三月。押領していたのは主として政元の家臣たちであった）。このような義澄の挙動を考えたならば、彼が政元の傀儡だったとする見方は成り立たない。

もっとも、義澄が政元にたいして優位にあった、というわけではない。政元は、意のままにならない義澄に怒り、しばしば引退を示唆したり、東国への下向をほのめかしたりした。すると義澄は、そのつど自身で政元のもとに出むき、彼をなだめることに努めた。政元を追って京都から堺（大阪府堺市）までみずから下向し、政元に帰京してくれるよう懇願したこともあった（一五〇六年一一月）。義澄は、軍事面で政元に依存していた（将軍家は強力な直属軍事力を有していなかった）。それゆえ、義澄としては、いかに政元を嫌忌していても彼と断交するわけにはいかなかったのである。だから、義澄は政元にはつよい姿勢をとれなかった。

ただし、それでは政元のほうが義澄にたいして優位にあったのか、といえば、決してそうではなかった。

政元は、自分の意のごとくならない義澄に手を焼き、彼を沈黙させられなかった。また、政元は義澄に不満をもち、しばしば京都を立ち去るそぶりを見せるなどして義澄を悩ませたが、そのいっぽうで、義澄から「帰京せよ」と求められると、つねにこれを受けいれて京都に戻っていた。政元にとって義澄は、政治的に利用しうる存在であった。たとえば政元は、旧主である義稙派と戦う際、将軍である義澄を擁していたからこそ「逆臣」のそしりをまぬがれることができたのである。それゆえ、政元としても義澄の要求をあからさまに拒否することはできなかった。

このように、義澄と政元は、相互に補完しあい、そしてたがいに牽制しあう関係にあった。こうした関係は、義澄以前における将軍―大名関係と、基本的には大きく変わるものではない。これまでも、将軍は諸大名から軍事力などの提供を受けてこれを支柱とし、いっぽう、大名たちは将軍を政治的に利用した。こうすることで、将軍と大名たちはたがいに協力しあい、そして相互に牽制しあっていたのだ。

ただし、義澄以前の将軍たちは、細川や斯波・畠山といった、多くの大名たちを支柱としていた。そのため、どこかの大名が没落したとしても、その悪影響が将軍にただちに波及することはなかった。これにたいして義澄の場合、細川政元という一大名を主たる支柱としたので、もし政元が没落するようなことになれば、義澄もまたこれに連鎖して没落せざるをえなかった。つまり義澄の立場は、彼以前の歴代将軍に比べ、不安定であったわけである。

そこで、義澄は細川政元以外の大名たちにも、将軍家の支柱になってもらおうとした。たとえば、見込みのありそうな大名たち（若狭武田や河内畠山、越前朝倉、美濃土岐、近江京極の各氏）に声をかけ、将軍御所で猿楽《さるがく》上演を主催させた。これを機縁に、彼らとよしみを通じようとはかったのだ。とりわけ、義澄は若狭武田氏（武田元信）に期待を寄せ、武田をみずからの新たな支柱にせんとした。ところが、これがいまだ奏功しないなか、義澄は思いがけない変事に遭遇することになった。

最大の支柱というべき細川政元が、暗殺されてしまったのである。

変人・細川政元

細川政元は、変わりものであった。平生から烏帽子《えぼし》（成人男性が用いるかぶりもの）を好まず、義澄の元服式《げんぷくしき》の際にも烏帽子をかぶりたくないと駄々をこね、式を数日延期せしめた。

しかも、怪しげな修験道《しゅげんどう》に凝り、「天狗《てんぐ》の法を学んでいる」と噂された。あるとき、政元は山伏といっしょに寺に参籠し、そこでなにかを祈っていた。たまたま居あわせた公家がこれをのぞいてみたところ、政元が祈っていたのは「張良化現大天魔源義経神」という奇怪な十一文字の書かれた短冊であった。この公家はこれを見て恐ろしくなり、その場から逃げだしたという(『後慈眼院殿御記』)。

また、義澄が官位の昇進を望んだことがあった(宰相中将《さいしょうちゅうじょう》の官途をえることを望んだ)。すると政元は、次のように述べてこれに反対したという。「官位の昇進などは無益である。私はこのままでも義澄様を将軍として認める。いかに昇進しても、人びとが従うようにならなければ、その甲斐がないではないか。このままでよい」というのである。さらに政元は言を重ね、時の天皇(後柏原《ごかしわばら》天皇)が即位式をあげていなかったことについて「天皇の即位式も無益だ。即位式などをあげなくても、私は天皇を天皇としてきちんと認める。大げさな儀式などは、この乱世には不適当だ」と述べたという(『大乗院寺社雑事記』)。

義澄の官位昇進も、天皇の即位式も、先例に基づいたことである。しかし、政元は「実利の乏しい、官位の昇進や大規模な儀式などは無駄だ」と言い放った。この彼の発言は、合理性を重んじる現代では、あるいは「一理あり」と見なされうるかもしれない。

だが、政元が生きたのは現代ではない。いまから五〇〇年も昔の、戦国時代である。そしてこの時代では「先例に反することはすべて悪」とするのが通念であった。にもかかわらず、政元はそれをせよと平然と述べた。むろんこの背景には、義澄の昇進や即位式が実施されることになれば、政元が諸費用を負担することになったから、これを避けたかった、という計算もあっただろう。しかしそれを考えても、こうした言を発した政元は、やはり特異な性向の持ち主であったといえる。

ところで、政元は修験道に執心していたことから、かつて二〇歳代なかばのころ、有力大名の身でありながら諸国巡礼の旅に出ることを決意した。ただ、当時政元には、跡継ぎに据えるべき男子がいなかった。そのため、政元がもし旅先で落命した場合、後継者争いが起きかねなかった。そこで政元は、旅に出発する前に仮の養子を迎えた。摂関家のひとつ、九《く》条《じょう》家（九条政基《まさもと》）の三歳になる若君を養子としたのだ（一四九一年二月）。なお、もし政元にこのあと男子が生まれたならば、九条の若君は僧侶にする約束だったという。

その後、政元は無事に巡礼から帰京したが、このあとも、彼には男子が生まれなかった（修験道の影響か、政元は生涯、妻帯しなかったという）。そこで政元は、九条の若君に自分の幼名「聡明丸《そうめいまる》」をあたえ、引きつづきこれを後継者として育てた。

政元が、細川の血をひかない聡明丸を登用したのは、細川庶家のなかから後継者を選んでしまうと、その庶家が力をもつようになり、一門の結束が乱れるからであろう。だが、細川一門・諸将のあいだでは、細川とは「異姓他人」である聡明丸を一門本家の跡継ぎにすることに、異論が噴出した。

細川一門の大騒動

そのため、政元は聡明丸にかわり、細川一門である阿波細川氏の若君を新たに養嗣子とした（阿波細川氏の前当主・故義春《よしはる》の子）。阿波細川氏は、これまでなにかと本家の政元に反抗していた。そこで、政元は阿波細川氏を懐柔する意図もあって、同氏出身のものを世継ぎとしたのだろう。その後、この阿波の若君は上洛し（一五〇六年四月）、将軍義澄から偏諱《へんき》（名前の一字）を賜って「細川澄元《すみもと》」と名のった。

いっぽう、九条家出身の聡明丸は廃嫡されたかたちになった。しかし、彼はその後も政元に愛され、成人すると将軍たる義澄から偏諱をもらって「細川澄之《すみゆき》」と名のった。とはいえ、澄之（聡明丸）やその支持者たちのあいだでは、廃嫡された不満が残った。

そこで、澄之一派の諸将（香西元長《こうざいもとなが》ら）は、細川本家の家督を奪取すべく京都で挙兵し、主君である政元を襲ってこれを殺害してしまった。こうして変人・政元は死んだ（享年四二）。時に一五〇七年（永正四年）六月二三日のことである。「天下無双の権威」と世評されたにしては、まことにあっけない最期であった（『宣胤卿記』他）。

さて、澄之一派はその後、ライバルである細川澄元も攻め、これを京都から近江国甲賀《こうか》（滋賀県甲賀市）に追い落とした。この結果、澄之らが権力を握ったかに見えた。しかし、澄之は細川の血をひいていないうえ、「主殺し」は当時も大罪である。それゆえ、澄之は細川一門の面々から支持をえられず、彼らに兵を送られて攻め滅ぼされてしまった。澄之はまだ一九歳であった（一五〇七年八月一日）。

その後、細川一門のものたちは、甲賀に追われていた細川澄元を京都に呼びよせ、これを新たな一門の当主に推戴した。ところがこの直後、細川一門の面々は澄元につよい不満をいだくようになった。というのは、澄元が当主となると、彼の実家である阿波細川氏の家臣たち（三好之長《みよしゆきなが》ら）が台頭することになったからである。細川一門の諸将らは阿波者を嫌い、対立は抜きさしならない状況になった。

そこで澄元は、細川一門内の統一をはかろうとして、一門のなかで人気の高い細川高国《たかくに》を京都から追いはらった（一五〇八年三月）。しかし、澄元にとってこの措置は裏目にでた。細川一門の面々からいっそう嫌忌されるようになったからである。そして、ついに澄元は一門内で孤立して立ちゆかなくなり、ふたたび京都から近江に逃げだした。

細川本家略系図

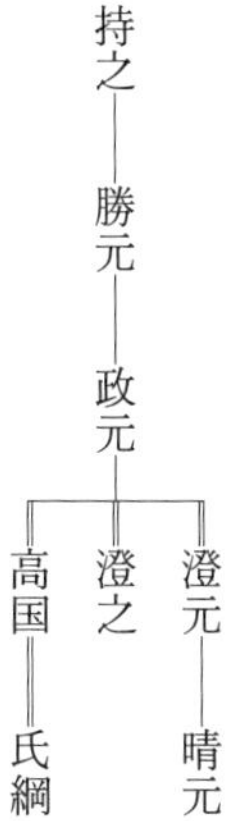

その後、細川高国が京都に帰還し、細川一門・諸将たちに推戴されて細川本家の新たな当主におさまった（一五〇八年四月）。こうして、政元の殺害からはじまった細川の内紛は、一年ほどつづいたのちようやく終結した。しかし、この争乱で細川一門は、

多くの名将・賢臣を失い、その勢威を大きく低下させてしまった。

するとと、前将軍・義稙はこのような状況を観望し、京都を奪還する好機来たれりと判断した。このころ彼は、周防国において亡命生活を送っていたのだが、細川一門内の騒動を知るや、庇護者である周防の大名・大内義興をしたがえて挙兵した。時に一五〇七年（永正四年）末のことである。義稙は周防の港を出陣するや、大艦隊を親率して瀬戸内海を海路東進し、たちまち京都に迫った。

政元生害《しょうがい》の由《よし》、六月末に風聞《ふうぶん》あり……しかりといえども、大樹《たいじゅ》（義稙）、御悦《およろこ》びの気色《きしょく》もましまさず

義稙の侍臣たちは、宿敵・細川政元殺害の風聞に接すると、「いよいよ御上洛の瑞兆《ずいちょう》、めでたしと言わぬ、思わぬ者も、なかりけり」と沸きたった。しかし、義稙は喜びの色を見せなかったという。右の文章は、そのことを伝える史料である（『不問物語』）。

義稙が明応の政変で将軍の座を追われてから、すでに一〇年以上もの歳月が流れていた。この間、義稙は京都奪還をめざして戦ってきた。しかし、状況はなかなか好転せず、将軍復帰はいつの日か期せられない。そうしたなかで、すでに四〇歳を超えていた義稙は、もはや往年の闘志を失いつつあったのかもしれない。だが、政元の横死は義稙にとって京都奪還の好機であった。それゆえ、彼は左右のものたちに励まされ、ついに立ちあがったのである。

3　ふたたび義稙が将軍となれり

義澄が去り、義稙が戻った

京都の義澄は「前将軍・義稙が大兵を率いて西から京都に迫りつつあり」との報に接して恐怖した。そこで、各地の大名たちに義稙討伐を命じるとともに、新たに細川一門を率いることになった細川高国に支援を求めた。これまで義澄は、蹴鞠《けまり》などをつうじて高国と親しくしていた（『蹴鞠御会日記』）。だから、高国から色よい返事がくることを期待していたに違いない。ところが、高国に支援を拒否されてしまった。

高国は「内紛で弱体化した、いまの細川一門ではとても義稙軍には勝てない」と判断したのだろう。彼は、なんとその後、義澄を見捨て、敵である義稙側に寝返ってしまった。こうなると、義澄としては万事休すである。最大の支柱・細川一門に離反された義澄は孤立し、ついに京都を逃げだした。時に、一五〇八年（永正五年）四月一六日のことである。この結果、義澄政権は崩壊した。

義澄は将軍家の傍流に生まれ、本来ならば将軍を継ぐことのできる立場ではなかった。しかし、明応の政変の際、日野富子や細川政元によってかつぎ出され、はからずも一一代将軍となった。そしてこれ以後、義澄は将軍として京都に君臨しつづけ、それは一五年もの長きにわたった。しかし、彼の治世は辛苦辛労の連続であった。その前半は、宿敵・義稙との抗争にあけくれ、後半は細川政元との対立に悩まされつづけた。そのうえ最後は、義稙の攻勢、細川高国の離反といった凶事にあいついで遭遇し、京都を追われることになった。

こうして将軍義澄は京都を去った。これにたいし、前将軍・義稙は畿内の情勢を観望しつつ、四〇〇〇～五〇〇〇艘《そう》の大船団とともに海路、瀬戸内海上を東進し、堺に上陸した。さらに、彼はその後も快進撃をつづけ、義澄の逃亡から約二ヵ月後、ついに京都に入城した。時に一五〇八年六月八日のことである。

かつて義稙は明応の政変に遭遇し、河内の陣中で逮捕された。その後、将軍の地位から引きずりおろされて京都に幽閉されたが、そこを脱走した。そして、北陸や畿内、中国地方を転戦しつつ京都奪還をめざして戦いつづけた。こうして櫛風沐雨《しっぷうもくう》一五年、ついに義稙はここに宿願をはたし、京都を奪還したわけである。このとき、義稙は四三歳になっていた。

さて、義稙は入京すると、一条室町にある侍臣（吉良《きら》氏）の邸宅を仮御所に定めてここにはいり、次いで朝廷に奏してふたたび征夷大将軍の称号を授けられた（一五〇八年七月一日）。なお、彼は一度、一〇代将軍となり、そのあと一一代義澄を経てふたたび将軍となった。したがって「一〇代・一二代将軍」と称すべきであるが、これでは少しわずらわしいので、学界では義稙の再任は代数にかぞえず、たんに一〇代将軍と呼ぶことになっている。

暗殺されかかった義稙

こうして成立した義稙の第二次政権は、四人の大名たちに支えられていた。

そのひとりは、細川高国である。彼は、畿内の有力大名・細川一門を率いる実力者であった。二人目は大内義興である。この人物は、義稙を周防亡命時代から保護し、その帰京時にも功績をあげた中国地方の有力大名であった（彼は義稙とともに上洛し、そのまま在京しつづけた）。三人目は、義稙を首尾一貫して支持してきた、盟友というべき畠山尚順《ひさのぶ》であり（明応の政変の際、義稙に殉じた政長の子）、四人目は、その一族である能登国《のとのくに》（石川県北部）の大名、畠山義元《よしもと》であった。

以上の四大名が、在京して義稙を直接支えた（ただし、畠山尚順は在京せず、かわりに嫡男の稙長《たねなが》が在京した）。前将軍の義澄は、細川一門を主たる支柱にしていたことから、同一門（これを率いる細川高国）に見捨てられるや即座に没落せざるをえなかった。これにたいし、義稙の新政権は四大名を支柱としていた。それゆえ、ひとりが欠落しても政権がただちに崩壊することはなく、この点では義澄に比べて基盤が安定していた。

もっとも、当初は四大名のあいだで、しばしば軋轢が生じた。四大名はおのおの個性的であったから、彼らの団結を保つのは簡単なことではなかった。しかし、団結が崩壊にまでいたることはなかった。それは、義稙が四大名のあいだで、巧みに勢力均衡をはかったからである（四大名のうちの誰かを過度に重用しなかった）。また、「共通の敵」がいたことで団結がうながされたからでもあった。共通の敵とは、いまや前将軍となった義澄とその一派である。

義澄は、京都を逃げだすと近江国に移った。ちなみに、この近江にはやはり京都を追われていた細川澄元（細川高国の政敵である）もあった。そこで、義澄はこの澄元と連和し、近江の岡山《おかやま》（滋賀県近江八幡市）というところに本拠を構え、京都の義稙にたいしてしきりに抵抗をこころみた。

たとえば、澄元の重臣・三好之長に兵を授けて京都に進撃させた（一五〇九年六月。ただし、義稙と四大名に撃退された）。また、京都に刺客を放ち、義稙の暗殺をくわだてたりもした（一五〇九年一〇月二六日）。このような義澄派の執拗《しつよう》な抵抗は、義稙と四大名たちを悩ませたが、同時に彼らを団結させてもいった。

御酒あり、御寝《ぎょしん》のところ……夜討乱入《ようちらんにゅう》す。武家《ぶけ》（義稙）一人戦われ、七か処《しょ》におよび御《お》手《て》を負《お》われる

近江の義澄によって放たれた刺客は、夜中、京都の将軍御所（一条室町の吉良邸）に侵入し、義稙を襲った。このとき義稙は酩酊《めいてい》して就寝中であったが、凶変に気づくやただちに立ち上がってひとり奮戦し、七ヵ所もの傷を負いながらも見事に刺客を撃退した。右に掲出したのは、そのことを伝える史料である（『拾芥記』永正六年一〇月二六日条）。

義稙が酔って寝ていたにもかかわらず体が動いたのは、彼に武芸のたしなみがあったからだろう。今日では「剣豪将軍」というと、一三代将軍の義輝《よしてる》が著名であるが（ただし、義輝が「剣豪」であったことを示す、たしかな証拠はない）、義稙こそ、剣豪と呼ぶにふさわしいといえるのかもしれない。なお、義稙は明応の政変で逮捕され、その直後には毒殺されかかり、そして今回は刺客に襲われた。彼ほど、危難に遭遇した著名人も珍しい。

決戦、船岡山

さて、京都の将軍義稙は、こうしたたび重なる近江・義澄派からの攻撃に手を焼いた。そこで、彼は義澄派を討たんと決意し、支柱とする四大名のひとり、細川高国に近江への侵攻を命じた。これをうけ、高国は二万の大兵を率いて京都を出陣した。なお、このとき高国は、他の三大名から合力をえず、単独で近江攻めを敢行した。彼はこれまで目立った軍功がなかった。それゆえ、ここで戦勝をおさめ功を立て、みずからの武威を内外に誇示して立場をかためようとしたのだろう。ところが高国軍は、近江において義澄派に大敗を喫してしまった

（一五一〇年二月）。義稙にとっては大打撃である。

いっぽう、義澄派はこの勝利で勢いづき、一大攻勢に打ってでた。すなわち、まずは義澄を主君としてあおぐ細川澄元が、四国の阿波で挙兵し、京都を西から攻めたてた（澄元は、この少し前に近江から生国の阿波に戻っていた）。さらに、澄元と気脈を通じていた赤松《あかまつ》氏（赤松義村《よしむら》）がこれにつづいた（赤松氏は、播磨国《はりまのくに》〔兵庫県南西部〕などの大名）。そのため、京都の西方はたちまち澄元・赤松らの手に落ちるところとなった。また、総大将たる義澄も近江で軍を起こし、東から京都に迫った。

このような情勢を前にして、京都にあった義稙と四大名たちは恐怖した。そこで、彼らは京都をいったん捨てる決断を下し、細川高国の領国たる丹波国《たんばのくに》（京都府中部など）に退いた（一五一一年八月一六日）。この結果、京都は義澄派の諸将がこれを占拠することになり、あとは主将たる義澄の入京を待つばかりとなった。このままいけば、第二次義稙政権は崩壊し、義澄が今度は将軍に返り咲く、という状況であったわけである。ところが、このとき予想外の出来事が起きた。

なんと、義澄がここで急死してしまったのだ。彼は、京都に入城せんとしたまさにその矢先、本拠地たる近江国岡山においてにわかに死去した。まだ三二歳の若さであった。こうして義澄の将軍復活の夢はついえた（一五一一年八月一四日）。

すると、丹波にあった義稙はこのタイミングで俄然《がぜん》、反撃に転じた。すなわち、支柱たる四大名の軍勢をしたがえ、亡命先の丹波から京都に進撃したのである。これにたいし、義澄派も迎え撃たんと待ちかまえた。そのため、双方は京都北郊の船岡山《ふなおかやま》（京都市北区）などで激突するにいたった。世にいう「船岡山の戦い」である。

両軍ともに激戦を演じた。しかし、義澄派は、領袖である義澄を喪《うしな》っていたこともあってか勢いが劣り、ついに潰敗して退却した。時に一五一一年（永正八年）八月二四日のことである。このとき討死した義澄派の将兵は、実に三〇〇〇人を超えたという。いっぽう、大勝を博した義稙らは凱歌をあげ、二週間ぶりに京都に帰還をはたした（一五一一年九月一日）。なお、一条室町の吉良邸は焼失していたので、義稙は、二条西洞院《にしのとういん》の妙本寺《みょうほんじ》を仮御所としてここにはいった。

こうして義稙は、京都を奪還せんとした宿敵・義澄派の企図を打ちくだき、みずからの政治的立場を確固たるものとした。ところがこのあと、彼は奇妙な行動にでる。なぜか、京都を出奔してしまったのだ。

出奔した義稙

義稙が京都をとつぜん出奔したのは、船岡山での戦勝からわずか一年半後の一五一三年

（永正一〇年）三月一八日のことであった。彼はたった二人の供を連れただけで、京都から近江国甲賀に向かった。

このことを知って、これまで義稙を支えてきた四大名たち、すなわち、細川高国・大内義興・畠山尚順・（能登）畠山義元は大いに驚いた。そこで、彼らは京都の伊勢貞陸《さだみち》邸（貞陸は貞宗の子。当時、幕府の政所頭人であった）に集まり、善後策を協議した。その結果、四大名たちは「諸事《しょじ》、御成敗《ごせいばい》に背《そむ》くべからず」と、義稙の命令には決して違背しないことを誓いあい、その旨をしるした起請文《きしょうもん》を作成した（『和長卿記』他）。そして、これを義稙のもとに奉呈し、一日も早く帰京してくれるようにと願った。

そこで義稙は、四大名たちの願いを聞きとどけ、帰京することを決意した、このことを知った四大名らは、おのおの大兵を率いて京都を発ち、甲賀から京都に向かう義稙一行を途中の大津・坂本（滋賀県大津市）あたりで出むかえた。このとき、四大名らの率いていた軍勢は実に三万人にもおよんだという。義稙は、四大名以下この大兵をしたがえつつ、大群衆が見守るなかを凱旋将軍のごとく堂々と行進し、京都に戻った（一五一三年五月三日）。

こうして義稙は、甲賀に出奔したことによって、細川高国をはじめとする四大名からあらためて忠誠の誓いを獲得した。そのうえ、四大名たちをしたがえて帰京する、という場面を人びとに見せることによって「義稙は、四大名たちを完全に掌握している」ことも天下に誇示することになった。

さすればここに、義稙が出奔した狙《ねら》いがあったといえよう。義稙と四大名たちは義澄派に団結して立ちむかい、ついにこれを船岡山で大破した。しかし、「共通の敵」である義澄派の壊滅は、義稙と四大名とのあいだの団結をゆるませかねなかった。そこで義稙は、あえて出奔という挙に出ることによって、この団結の再構築をはかったというわけである。

さて、これ以降、京都・畿内では、四大名の義稙にたいする忠誠心があらためて確認されたこともあって、目立った政治的動揺は生じなかった。一五一五年（永正一二年）には、京都・下京《しもぎょう》に新しい将軍御所である「三条御所」も完成し、人びとは閑安を楽しんだ。このころ、義稙は中風《ちゅうぶう》の治療のため、二〇日間にわたって有馬温泉（兵庫県神戸市）で湯治をしている（一五一七年閏一〇月）。義稙がこれほど長期にわたって京都を留守にすることができたのも、政治情勢が安定していたからであった。

およそ今度《こんど》の儀《ぎ》、御野心子細《ごやしんしさい》あり、彼の谷《かのたに》、御渡《おわた》りあるかの由《よし》、諸大名相存《あいぞん》じ候《そうろう》

義稙は甲賀に出奔することで、みずからへの求心力強化をくわだてた。こういった義稙の意図は、四大名たちも察しており、彼らは義稙の出奔を聞くと「きっと御野心があって、彼の谷（甲賀）へ御渡りになったのだろう」と申しあったという。右の文章は、そのことを示す史料である（『和長卿記』永正一〇年三月一九日条）。

四大名にとって義稙は、彼らのあいだの利害対立を調整したり、その行動の正当化根拠を世間に示したりするうえで有用な存在であった。それゆえ、四大名たちは義稙の意図を察しつつも、彼にあらためて忠誠を誓ってその帰京を願ったのである。なお、将軍がみずからの存在価値を諸大名に示すため、あえて出奔という挙にでる、というのは、室町中期よりしばしば見られた。出奔は、軍事力の乏しかった将軍が大名たちに立ちむかう「戦術」のひとつであった。

痛恨の判断ミス

だが、好事魔多しという。この直後、大変動が生じた。ことの発端は、義稙の支柱である四大名のひとり、大内義興が京都から帰国してしまったことにあった。これまで大内氏は在京して義稙を支えていた。しかし大内にとって、本拠の周防国から遠く離れた京都にいつまでも滞在することは、はなはだ負担が大きかった。また、大内義興の留守を奇貨として、尼《あま》子《ご》氏（尼子経久《つねひさ》）が山陰地方で力をのばし、大内氏の勢力圏たる中国地方に脅威をあたえつつあった。

そうしたこともあって、大内義興は、これ以上は京都にとどまりつづけることが困難となった。そのため、彼は在京一〇年にしてついに周防に帰国した。時に一五一八年（永正一五年）八月のことである。これよりさき、四大名のひとりである能登畠山氏（畠山義元）も、領国の政情不安から帰国していた。また、畠山尚順は息子（畠山稙長）と対立し、それゆえ家中は分裂状態になりつつあった。したがって、義稙を支える有力大名は、実質的には細川高国だけになってしまった。義稙政権の弱体化はあきらかである。

するとこれを見て、政敵の細川澄元が反乱の兵を挙げた（一五一九年秋）。彼はかつて前将軍・義澄派に属し、船岡山の戦いでは義稙と四大名たちに挑戦した。このときは武運つたなく大敗して四国に退いたが、ここで再度挙兵したのだ。そして、以前から親しい関係にあった播磨赤松氏と連携するや、四国から渡海して畿内に上陸し、京都に迫った。

義稙はこの状況に驚き、細川高国に「澄元を討て」と命じた。これを受け、高国は大兵を率いて出陣した。しかし、彼は各地で澄元勢に敗北を重ね、京都に逃げ帰った。その京都にも敵が迫っていた。そこで、高国は京都を捨てて近江国に脱出せんとし、義稙に「近江に同行してくれるように」と求めた。

ところが、義稙はこれを拒絶し、なんとここで高国を見捨て、これまで敵対していた細川澄元と手を組んでしまった。実は義稙は、かねてより澄元から「義稙様には忠義をつくす」と伝えられていた。そこで義稙は、頼りにならない高国を見放ち、澄元のほうにここで寝返ったのである。これを知って高国は、失意のなかひとり京都を去り、六角氏（六角定頼《さだより》。高頼の子）を頼ってその領国・近江に下った（一五二〇年二月一八日）。

その後、高国といれかわりに、細川澄元軍二万人が上洛してきた。これを率いていたのは、澄元の重臣・三好之長である。三好は京都にはいると、義稙に拝謁して忠誠を誓った。ところが奇妙なことに、三好の主君である細川澄元は、なかなか上洛してこなかった。それゆえ、京都の人びとは「都中一変以後、数日におよぶといえども、澄元上洛におよばず。子細、何事や。尤《もっと》も不審なり（澄元軍が京都を占拠してすでに数日たつのに、澄元本人は上洛してこない。どういうわけか）」と訝《いぶか》った（『二水記』）。

実はこのとき、澄元は病魔におかされ、死の床にあったのだ。そしてその後、彼はほどなくして死去してしまった（三二歳）。この事態は義稙にとって大打撃となった。義稙は細川高国を見捨て、澄元側に寝返った。おそらく義稙は「今後は高国にかわり、澄元を政権の支柱にしよう」と考えていたことだろう。ところが、その澄元が急死してしまったのだ。

するとこの直後、高国が近江から反撃に転じてきた。彼は、六角氏の後援をえるや大兵を率いて京都に迫った。これにたいし、澄元の将・三好之長は京都市中に迎撃の陣をしいて、高国の入京を阻止せんとした。義稙もまた三好を支援した。しかし、三好率いる澄元方の軍将たちは、主君・澄元の不在もあってか意気があがらない。それゆえ、澄元方は高国軍に打ちくだかれ、三好之長は捕らえられて誅されてしまった（一五二〇年五月一一日）。この結果、戦勝をおさめた高国が、近江から京都に戻ってくることになった。

義稙はこの三ヵ月前、高国を裏切って澄元に寝返った。その高国がここで復活してきたわけである。この事態は、当然ながら義稙を困った立場に追いこんだ。義稙にとって、高国を見捨てて澄元側に奔ったのは痛恨の判断ミスであった。まさかこの直後に澄元が急死し、高国が復活してくるなどとは、義稙はおそらく想像だにしていなかったことだろう。

そしてけっきょく、この失策が義稙の政治生命を絶つことになった。

京都の土をふたたび踏めず

義稙は細川高国が帰京してくると、いったんはこれと和解した。しかし、たちまち高国とのあいだで対立が生じるところとなった。それゆえ、義稙は京都を出奔して堺に移座した。一五二一年（大永元年）三月七日のことである。

ちなみに当時、畿内には、将軍となりうる足利一族のものは義稙以外にいなかった（義稙には男子がなく、兄弟もすべて死没していた）。さすれば、義稙は「いずれ高国は将軍不在の状況に窮し、自分を迎えにくるはずだ」と目論んでいたのかもしれない。だが、高国がこのときは一枚上手であった。彼は義稙を見かぎり、新たな足利血縁者を探しだしてこれを新将軍に立てた。それが、足利義晴《よしはる》である。

義稙はこのことを知り、盟友・畠山尚順（彼は最後まで義稙に忠誠を尽くした）とともに高国を討つべく挙兵した。しかし、味方が集まらない。それゆえ、義稙は淡路島《あわじしま》（兵庫県）に退いた。それでも、彼はなおも京都復帰をはかったが、けっきょく、これをはたすことができないまま、阿波国の撫養《むや》（徳島県鳴門市）で五八年におよぶ波乱の生涯を閉じた。一五二三年（大永三年）四月九日のことであったという。

義稙は、応仁の乱においていわば「賊軍」であった西軍の旗頭・足利義視の息子である。それゆえ、将軍となる可能性は低かったが、母が日野富子の妹だったことが幸いし、富子の支持をえて一〇代将軍となった。そして近江、次いで河内へと二度も大規模な戦争を敢行し、将軍としての武威を天下に示した。だが、得意の時期は長くはつづかなかった。この直後、明応の政変に直面し、逮捕・幽閉されることになったからである。

しかし、義稙はここで諦めなかった。彼は、幽閉先を脱走するや各地を駆けめぐり、実に一五年もの歳月をついやしてついに京都を奪還し、将軍に復帰した。その後、支柱とする四大名（細川高国・大内義興・畠山尚順・畠山義元）を巧妙に手なずけつつ、政敵（前将軍の義澄派）を打倒するなど実績をあげ、将軍としての地位を確固たるものとしていった。その結果、彼は一〇年以上ものあいだ畿内に安定をもたらした。しかし、たったひとつのミス（細川高国を見捨て、澄元に寝返った）が命取りとなり、最後はこの失策によって京都を追われ、阿波で客死することになってしまった。

まさに栄光と没落をくり返した、波乱万丈な生涯であったといえよう。

昔の錦《にしき》を相尋《あいたず》ねてくれよ。……雲の紋《もん》は嫌《いや》じゃ。そのほかの紋は何《なん》じゃれ

戦国時代には録音機がなく、それゆえ当時に生きた著名人の肉声を実際に聞くことはできないが、たまたま義稙の肉声を記録した史料が残っているので、右に掲出した（『蔭凉軒日録』明応元年六月六日条）。

これは、義稙が最初に将軍となった二〇代のころの肉声であり、唐錦《からにしき》（中国製の錦）について侍臣に「いかに好《よ》くとも、近物は嫌《いや》。一端にてもまたは切れにても、昔の錦を相尋《あいたず》ねてくれよと、正使にことつぐべし」、「たとえ昔錦なりとも、太鼓の筒または雲の紋は嫌じゃ。そのほかの紋は何《なん》じゃれ」と述べたという。その意味するところは「唐錦は、いかに良質でも最近の品は嫌である。切れ端でもいいので、昔のものを探してくるように、と正使に伝えよ（注：正使とは、近々日本から中国に渡航する予定の、遣明船《けんみんせん》の正使）」、「昔の唐錦でも、太鼓の筒とか雲の模様は気に入らない。他にどのような模様があるのか」ということであろう。ここからは、義稙が「嫌じゃ」「何じゃれ」と実際に発言していたことがわかり、興味深い。

第三章　勝てずとも負けない将軍
——一二代将軍義晴

1　都落ちすること数度におよぶ

義晴とは何者か

細川高国は、将軍義稙と仲たがいしてこれを京都から追いはらうと、足利義晴《よしはる》を新将軍に迎えた。いったい、この義晴とは何者なのだろうか。

一一代将軍の故・足利義澄《よしずみ》（かつて義稙のライバルであった）には、二人の若君があった。そこで、義澄はこれら若君たちを、自分と同盟する二人の有力大名のもとに送った。これによって、有力大名との同盟を強化せんとしたのであろう。こうして、若君のひとりは阿波国《あわのくに》（徳島県）を本拠とする細川澄元のもとにつかわされることになった。この若君は阿波で成人し、のちに「足利義維《よしつな》」と名のった（初名は義賢《よしかた》）。いっぽう、もうひとりの若君は、播磨《はりまの》国《くに》の大名・赤松氏（赤松義村）のもとに送られ、成人後に「足利義晴」と称した。

なお、二人の若君のうち、どちらが父の嫡男であったのかは判然としない。ただ、父義澄にとって最も頼りになる同盟者は、阿波の細川澄元であった。それを考えれば、澄元のもとにつかわされた義維のほうが、嫡男であった可能性が高いといえよう。

さて、細川高国は将軍義稙を追放すると、かわりにこの二人の若君に目をつけ、最終的に義晴のほうを新将軍に選んだ。義維を選ばなかったのは、彼が高国の宿敵・細川晴元《はるもと》（澄元の子。澄元急死後、その跡を継いだ）のもとにあり、高国には手が出せなかったからであろう。そこで高国は、もういっぽうの、義晴のほうを選んだわけである。

もっとも、高国が義晴を擁立することも簡単ではなかった。なぜならば、高国は赤松氏（義晴を養育する）とも対立していたからである。そこで高国は一計を案じた。赤松氏の重臣・浦上村宗《うらがみむらむね》を味方に引きこんだのだ。この結果、高国は浦上の手引きによって、義晴を赤松氏のもとから京都に呼びよせることに成功した。

こうして、義晴が細川高国によって新将軍に立てられ、このあと朝廷から征夷大将軍（一二代将軍）の称号を授けられた。時に一五二一年（大永元年）一二月二五日のことである。このとき義晴は一一歳であった。彼は「御容顔美麗《ごようがんびれい》なり」（『二水記』）といわれ、「諸道器用《しょどうきよう》に御座《ぎょざ》すと云々《うんぬん》。殊に歌道《かどう》、天然の事と云々」（『経尋記』）という才子であったとされる。

　ただし、義晴には、足利将軍家当主としての正統性に疑念があった。なぜならば、彼は前将軍たる義稙から「譲り」を受けたわけでも、実力で将軍の地位を勝ちとったわけでもなく、権臣・高国によっていわば「勝手に擁立された」将軍であったからである。したがって義晴としては、正統性について問題があるというこの事態を、うまく取りつくろわなくてはならなかった。そこで、義晴と近臣たちはひとつの工夫をした。

　義晴は高国に招かれて播磨から上洛すると、上京《かみぎょう》にある岩栖院《がんすいん》という寺を仮御所にしてここに居住した。同寺は、高国邸に近くて安全だったからである。しかし、将軍宣下をうける際は岩栖院を出て、前将軍・義稙の居館であった三条御所（下京）に出むき、ここで宣下をうけた。

足利義晴像　京都市立芸術大学芸術資料館蔵

　この当時世間では、前将軍の居館にはいることが新将軍の正統性を示す指標のひとつと考えられていた（高橋康夫「描かれた京都」）。そこで義晴は、前将軍の居館（三条御所）にはいり、ここで将軍宣下をうけることで、自身が「前将軍の正統な後継者である」ことを内外にアピールしたわけである（その後、義晴はまた岩栖院に戻った）。

動乱ふたたび生起す

こうして細川高国は、新将軍義晴の擁立をはたした。このあと、高国は功臣としてその威権は周囲を圧し、義晴の「後見」となって京都政界でおしもおされもせぬ地歩を占めた（『伺事記録』）。ちなみに高国の夫人は、義晴の「御母」（＝養母）になっている（『尚通公記』）。もっとも「高国が義晴を傀儡にしていた」というわけではなかった。

たとえば、下京にある三条御所の殿舎を上京に移築して、新たに義晴の将軍御所とすることになった（その後、新御所は一五二五年一二月に完成し、義晴は岩栖院からここに移った）。その際、高国は、義晴から移築費用に関する仕事を命じられたが、いったんはこれを拒否した。しかし、義晴から重ねて命じられると断りきれず、やむなくこの仕事を引きうけている（『御作事方日記』）。高国にとって義晴は利用価値が高かった。義晴を擁していたからこそ高国は、前将軍・義稙を追放しても「逆臣」と世間からそしられることがなかったのだ。それゆえ、高国としても、義晴の意向を無下には拒絶することができなかった。

さて、高国にとって、義晴を将軍に立ててから数年間が政治家としての絶頂期であった。しかし、それは、とつぜん幕を閉じた。

そのきっかけは、高国が有力家臣の香西元盛《こうざいもともり》を「敵に内通した」として誅《ちゅう》したことにあった（一五二六年七月）。この事件そのものは、よくある裏切者の処刑であった。だが、高国にとってこの香西誅殺は痛恨の失策となった。というのは、香西と親しかった有力家臣の柳《やなぎ》本賢治《もとかたはる》・波多野《はたの》元清《もときよ》から恨みをかい（この二人は、香西とは兄弟の関係にあったといわれる）、丹波国で造反の兵を挙げられてしまったからである。

高国はこれに驚き、すぐさま柳本や波多野を討つべく、丹波に鎮圧の軍を送った。ところが、高国軍は大兵であったにもかかわらず、丹波で大敗を喫し、京都に逃げ帰った（一五二六年一二月）。京都の諸人は、このような高国軍のみじめな敗北に驚きあきれ、「はなはだもって京勢の、弱りなりけり」と嘲笑したという（『二水記』）。

さらに、事態は高国にとってまずい方向に動いた。柳本・波多野らが、高国の宿敵たる阿波の細川晴元（澄元の子）と手を組んでしまったのだ。「敵の敵は味方」というわけである。次いで柳本らは、丹波から南下して高国のいる京都に迫った。いっぽう、細川晴元も柳本らに呼応して阿波で挙兵し、配下の精兵を堺に上陸させて京都をうかがった。

この結果、京都の高国は、晴元派（細川晴元、およびこれと手を組んだ柳本・波多野ら）に北と西からはさみ撃ちにされ、たちまち危機に瀕した。

そこで高国は、晴元派の軍勢を京都近郊の桂川《かつらがわ》周辺で迎え撃たんとした。このとき、高国は二万もの大軍を擁していた。ところが高国軍は、柳本賢治らに率いられたわずか数千の晴元派に苦戦し、敗退してしまった（桂川の戦い）。どうも高国には、勝利の女神がなかなか微笑《ほほえ》まない。けっきょく高国は、将軍義晴を奉じて京都を脱出し、近江国の坂本（滋賀県大津市）まで退いた。一五二七年（大永七年）二月一四日のことである。

いっぽう、大勝した柳本賢治らは堺に下り、阿波から当地に進出していた細川晴元に謁して戦勝の賀辞を献じた。このとき、晴元のもとにひとりの貴人がいた。足利義維である。この人物が、一一代将軍・義澄の遺児（つまり将軍義晴の兄弟）であり、細川晴元に保護されていたことはすでに述べた。義維は、晴元らによって阿波から堺に招かれ、彼らの主将として立てられたのだ（一五二七年三月二四日）。

この結果、足利義維は世間から「堺の室町殿《むろまちどの》」や「堺大樹《たいじゅ》」などと称されることになった（室町殿や大樹は将軍の別称）。もちろん、現任の征夷大将軍は近江に去った義晴である。しかし、堺の義維も、将軍であるかのように世間では見なされたわけであった。このように畿内やその周辺では、近江の将軍義晴に加えて堺の足利義維という、もうひとりの将軍が出現したかのごとき状況となった。

天下、将軍御二人《おんふたり》に候《そうろう》

義晴・義維兄弟がともに「将軍」として君臨したことで、右に掲出した史料のように「天下には二人の将軍がいるようだ」といわれた（『祇園執行日記』天文元年七月二八日条）。

明応の政変以降、「二人の将軍」の並立という事態がしばしば現出したが（たとえば、義澄と義稙）、たいていは二人のうちいっぽうの勢威が他方を圧倒していた。しかし、義晴・義維兄弟の場合、勢力がほぼ拮抗《きっこう》し、それが数年にわたってつづいた。これは、二人とも「権臣によって勝手に立てられた将軍」であり（義晴は細川高国、義維は細川晴元に立てられた）、この点では両者に差がなかったことが一因していよう。なお、各地の大名たちは、義維の登場以降も、これまでどおり将軍義晴に忠誠を示すものが多かった。ただしこれは、義晴・義維の勢力が拮抗するなかで、将軍として君臨することすでに一〇年近くにおよぶ義晴を捨て、政界では新顔であった義維に鞍替《くらが》えしなくてはならない積極的な理由がなかったから、というにすぎない。

苦戦する細川高国

さて、近江に将軍義晴、堺に足利義維が立った。このようななかで、京都の寺社本所（公家衆や寺院・神社ら荘園領主）のうち「近江に逃げた将軍義晴や細川高国よりも、堺にいる足利義維や細川晴元のほうが優勢だ」と見たものたちは、所領の安堵《あんど》や紛争の調停などを、近江の将軍義晴ではなく、堺の義維のほうに依頼した。

そこで、これを受けて義維は堺でしきりに「将軍」のごとく裁判を実施した。そして、将軍から発給される判決文とおなじ書式をもつ判決文を作成し、これを寺社本所に発給していった（今日、こうした義維の判決文が大量に残されている。今谷明・高橋康夫編『室町幕府文書集成・奉行人奉書篇』）。阿波で育った義維のもとには、数年前に同地で死んだ前将軍・義稙につかえていた奉行衆（将軍家の事務官僚たち）らが集まっていた。そのため、義維は裁判などの政務を遂行することが可能であったのである。

こうして堺の足利義維は、将軍義晴らを近江に追い落としたうえ、本物の将軍のごとく京都周辺で活動した。もっとも、義維やこれを支援する細川晴元らが、みずから京都に進出してくることはなかった。堺にとどまったままであったのだ。そのため、「南方武家（義維）いまだ御出京《ごしゅつきょう》（上洛）あたわず。この段また何の子細《しさい》や」と不思議がられた（『二水記』）。おそらく義維や細川晴元は、近江に退いた将軍義晴や細川高国らの反撃を警戒し、自身で京都に出向くことは控えたのであろう。この結果、京都では権力の空白が生じ、「洛中、武士の族《やから》なし。すこぶる希有《けう》の体《てい》なり」というありさまになった（『二水記』）。

すると、近江にあった細川高国はこの状況を観望し、「京都を奪還する好機だ」と判断した。そこで、彼はすぐさま軍備をととのえ、将軍義晴を擁しつつ京都への進撃を開始した。京都を占拠する義維・細川晴元方にたいし、反撃に打って出たわけである。すると、こうした高国のもとに、多くの大名たちが駆けつけてきた（近江六角氏や越前朝倉氏、しばらくのちに若狭武田氏らも）。これは、高国の積極的な行動を見て「やはり高国や将軍義晴のほうが優勢だ」と判断したからであろう。それゆえ、高国配下の軍士はたちまち五万〜六万人に達した。

高国はこの大兵を率いて近江から破竹の勢いで進み、ついに京都を奪いかえした（一五二七年一〇月一三日）。こうなると高国の勢いはとまらない。これまで様子見をしていた近傍の諸豪族たちが、このあとわれさきにと兵を率いて高国のもとに参じてきた。高国という「勝ち馬」に乗って分け前にあずかろうという、バンドワゴニング（連衡《れんこう》）策に出たわけである。この結果、高国のもとにはますます多数の軍兵が集まり、その傘下の兵は一〇万余人にも達したという。

これにたいし、堺の晴元派（足利義維や細川晴元ら）はすぐに反撃に出た。「高国に京都を奪われた」と知るや、柳本賢治らを将とする兵二万人を京都に急派したのだ。そこで、これを見た高国も、迫りつつある晴元派の軍を討たんとして、京都に迎撃の陣をしいた。

ところが、高国はここで奇妙な行動を見せる。彼は、一〇万もの大兵を擁していたにもかかわらず、なぜか諸将を集めて談合するばかりで、いっこうに出撃しようとしなかったのである。これには味方も首をひねり、「敵方無勢たらば、なんぞ急々、勝負を決せざらんや。不審のものなり」と高国を批判するほどであった（『二水記』）。

こうして、高国は時間を費消して勝機を逸した。そのため、柳本らに率いられた晴元派の軍勢にやすやすと京都に突入されてしまった（一五二七年一一月一八日）。そこで、高国はあわてて挽回をはかったが、すでに遅きに失してなかなかこれをはたすことができない。ついに困惑した彼は、晴元派に和を乞うことになった。

御陣中諸勢《おんじんちゅうしょぜい》、風聞《ふうぶん》の如《ごと》くんば十万人余《あま》りと云々《うんぬん》。超過《ちょうか》の事なり。敵方《てきがた》、わずか二万ばかりこれあるべしと云々。……何《なん》ぞその理《り》を得《え》ざらんや。不可思議《ふかしぎ》のていなり

細川高国を支持する公家・鷲尾隆康《わしのおたかやす》は、その日記に、高国の戦いぶりについての不満の言を記した。右の文章はその一節であり、「風聞するところによれば、高国方の軍勢は一〇万あまりだという。これにたいし、敵である晴元派の軍勢はたった二万ほどだという。これほど兵力差があるのに、どうして高国方は勝利をえられないのか。不可思議なことだ。そのあげく、高国は晴元派に和睦を申しいれたという。これはどうしたことか、もはや言葉もない」とある（『二水記』大永七年一二月二九日条）。

たしかに、高国の用兵は拙劣といわざるをえない。しかし、高国方一〇万余といっても、それはいわば烏合《うごう》の衆であった。そのため、高国は「晴元派と正面切って戦えば、自軍が潰敗するおそれあり」と判断し、「一〇万の大兵で晴元派を威嚇しつつ、有利な条件で和睦しよう」と考えていたのかもしれない。

堺の晴元派（足利義維を「将軍」として擁立する）では、細川高国（将軍義晴を擁立する）から出された和睦提案にどう対処すべきか、協議がなされた。このうち、晴元派の有力者・三《み》好元長《よしもとなが》（之長の孫。長慶の父）は、高国との和睦に前むきであった。しかし、多くの諸将は積年の宿敵である高国との和睦に反対し、柳本賢治もまたこれに同調した。それゆえ、三好の意見はしりぞけられ、晴元派は「高国との和睦を拒否する」で一決した。

高国はこれを知って失望した。その落胆ぶりははなはだしく、左右のものに隠遁をほのめかすほどであったという。すると、これを見た高国配下の軍将たちは高国に愛想をつかし、その大半が晴元派に寝返ってしまった。この結果、一〇万の高国軍はたちまち雲散霧消し、高国はやむなく京都を逃げだした（一五二八年五月一四日）。

いっぽう、高国と手を組む将軍義晴は、高国の逃亡後も数日間、京都にとどまった。それは、晴元派から「義晴様とは和睦したい」と伝えられていたからである（晴元派は、こうすることで義晴と高国の仲を裂き、高国をいっそう孤立させようとはかったのだろう）。しかし、義晴やその近臣たちは、晴元派への不信感を払拭できなかった。それは、晴元派が依然として、自分たちの「将軍」として足利義維を擁立したままであったからである。

そのため、義晴らも晴元派との和睦を蹴り、京都を退去した。時に一五二八年（享禄元年）五月二八日のことである。

その後、義晴は、六角氏（六角定頼）を頼ってその領国である近江に向かい、坂本（滋賀県大津市）を経て近江国朽木《くつき》（滋賀県高島市）に落ちついた（一五二八年九月八日）。ただし、このあと義晴方は、水面下で晴元派と連絡をとるようになっていく。義晴は、これまで高国と手を組んで晴元とは敵対していた。しかし、高国は落ち目になっていた。そこで義晴は、しだいに晴元派のほうに近づいていったわけである。

さて、こうして将軍義晴と細川高国とがともに京都を去った。

この結果、京都はふたたび晴元派に掌握されるところとなった。その晴元派内部では、高国との和睦を主唱した三好元長が人気を失って失脚し、和睦に反対した柳本賢治が台頭した。柳本は、畿内各地を転戦して高国方の拠点をつぎつぎに奪取したので、その威望はますます高まった。当時の記録によれば、京都の柳本邸には多くの参礼客が押しかけ、「門前市を成」す盛況を呈したという（『実隆公記』）。

もっとも、柳本が晴元派を完全に掌握していたわけでもなかった。たとえば、彼は戦乱の早期終結を実現すべく、晴元派と朽木の将軍義晴とを和解させようとはかった。しかし、晴元派内で異論が噴出し、この工作はけっきょく成就しなかった（一五三〇年五月一〇日）。

この直後、晴元派を揺るがす大事件が起きた。柳本賢治が刺客に襲われ、暗殺されてしまったのだ（一五三〇年六月二九日。刺客は浄春坊という者で、夜陰にまぎれて柳本の陣所に忍び入り、彼を刺殺したという。「中村文書」）。柳本に刺客を送りこんだのは、細川高国であった。

高国は京都を逃げだしたあと、味方をつのるべく各地を転々とした。それは、伊勢や伊賀（三重県北西部）、さらに遠く越前（福井県北部）や備前（岡山県南東部）にまでおよんだという。そして、このころは播磨国の大名・赤松氏（赤松晴政《はるまさ》）のもとにあった。赤松氏の重臣・浦上村宗が高国の盟友だったからである。そして高国は浦上と協力しつつ、ここから柳本賢治に刺客を放った。高国が今日、かくも不遇な境遇におちることになったのは、柳本に丹波において造反の兵を挙げられたことがきっかけである。だから、柳本は高国にとっては不倶戴天《ふぐたいてん》の敵であったのだ。高国はこれを刺客によって殺害した。

さて、柳本賢治の暗殺によって、主導者を失った晴元派は大混乱におちいった。これを見た高国は、この機に乗じて失地を回復せんと決し、播磨において晴元派にたいする反撃の兵を挙げた。すると将軍義晴は、これを知ってふたたび高国に接近した。当時、義晴は近江朽木にあって晴元派に通謀し、落ち目になっていた高国とは距離をとっていた。しかし、「高国が勢威を取りもどしつつあり」と知るや手の裏を返し、高国とまた連携したわけである。そして、義晴は手勢を率いて朽木を出陣し、高国と連動しつつ京都に向かった。

この結果、高国は西（播磨）から京都に迫り、これと手を組んだ将軍義晴は東（近江）から京都に近づいて晴元派をはさみ撃ちにした。このうち、高国軍は各地で快進撃をつづけ、高国の盟友である浦上村宗とその主君・赤松晴政もこれにつづいた。彼ら高国方は、晴元派の属城をつぎつぎに抜いて京都に急迫し、ついに天王寺《てんのうじ》（大阪市天王寺区）まで駒を進めた。京都はもうすぐである。

ところがここで、高国にとって思いもよらない変事が起きた――。味方であるはずの赤松晴政に裏切られてしまったのだ。実は、赤松晴政は「数年前に父（赤松義村）が死んだことに、赤松重臣の浦上村宗がかかわっていたのではないか」と疑っていた。そこで赤松は、浦上村宗と、その盟友である高国にたいしてここで復讐の刃を向けてきたのである。これにより、高国陣営は大混乱となった。

そこを晴元軍につかれた。この結果、高国軍はまたたく間に潰敗し、高国は、晴元兵によって生け捕られてしまった。そしてこのあと彼は、摂津国尼崎《せっつのくにあまがさき》（兵庫県尼崎市）の刑場に引きだされ、そこで自刃してはてた。時に一五三一年（享禄四年）六月八日のことである（高国の盟友・浦上村宗も乱戦のなかで討死した）。高国は四八歳であった。

なお、高国と連携していた将軍義晴はその死を知って落胆し、坂本まで進撃していたところを撤退した。そして、ふたたび六角氏を頼り、同氏の本拠・観音寺《かんのんじ》城に近い桑実寺《くわのみでら》（滋賀県近江八幡市）にはいってここを仮御所とした。

腹《はら》、十文字《じゅうもんじ》に切る。強性奇特《きょうせいきとく》の由《よし》、褒美《ほうび》すと云々《うんぬん》。惜《お》しむべし、かなしむべし

細川高国は、刑場にひとり引きだされると腹を十文字に断ってはてた。その見事な振舞いに、人びとは称嘆の声をあげたという。右の文章は、そのことを伝える史料である（『二水記』享禄四年六月八日条）。

高国は、細川庶家から出て細川一門の惣領となり、以後、二〇年以上にもわたって細川一門を率いるとともに、義稙・義晴という二代の将軍につかえてその柱石として活躍した。しかし、彼は細川の有力庶家出身ではなかったこともあって、細川一門を十分には掌握しきれず、戦えば勝つより負けるほうがずっと多かった。とはいえ、高国は教養高く、謀略にもたけており、決して凡将だったわけではない。晩年には、兵をつのるために各地を駆けめぐり、ついに大兵を引率して宿敵・晴元派を打ちやぶるや京都にあと一歩のところまで進んだ。彼の生涯からは、織田信長や豊臣秀吉といった、いわゆる「成功者」の生涯からでは手にできない、独特の感慨をえることができる。

本願寺を焼き討ちにせよ

こうして細川高国は敗滅した。この結果、細川一門は晴元派によって統一されるところとなり、細川晴元が惣領におさまった。この晴元は「将軍」として足利義維（将軍義晴の兄

弟）を擁している。したがって、このあとは将軍義晴が廃され、これに代わって義維が新将軍となるような情勢であった。しかし、実際はそうはならなかった。

それは、細川晴元が将軍義晴（および、これを支持する近江の六角定頼）と和睦しようとしたからである。晴元には、細川高国派との連年の戦いに疲れ、もはや余力が残っていなかったのだろう。しかし、和睦はなかなか実現しなかった。これまで敵対していたもの同士が和睦するには「きっかけ」のあることが望ましい。だが、それがなかったからである。

ところで、晴元派に統一された細川一門の内部では、重臣の三好元長が台頭していた。三好元長は一時、柳本賢治によって失脚させられていたのだが、柳本の暗殺で復活したのである。そこで三好元長は、自身の立場をさらに確固たるものにしようと、柳本賢治の後継者・柳本甚次郎《じんじろう》を討ちはたした。ちなみに、甚次郎はまだ一九歳であったという。その早すぎる死を知ったある公家は「不便《ふべん》のことなり。武士の身、なんの楽しみあらんや。哀《かな》しむべし、嘆《なげ》くべし」と日記に書いた（一五三二年正月二二日。『二水記』）。

こうして、三好元長は競争相手となりそうな柳本甚次郎を倒した。しかし、このことは三好にとって痛恨の失策となった。なぜならば、主君の細川晴元を激怒させてしまったからである。晴元は甚次郎と年齢が近く、親しかったのだろう。それゆえ、晴元は三好元長を憎み、ついにこれを討たんと決意した。しかし、兵権は三好に握られており、晴元には十分な手持ちの武力がない。それゆえ彼は、かねてから交流のあった京都・山科《やましな》（京都市山科区）の本《ほん》願寺《がんじ》（住持は証如《しょうにょ》）に協力を求めた。

本願寺とは、親鸞《しんらん》を宗祖とする浄《じょう》土《ど》真宗《しんしゅう》の本山である。この当時、数多くの門徒《もんと》（信者）を擁する一大宗教勢力であった。ただし、急速に勢力を伸ばしたいわば新興教団であったがゆえに、比叡山延暦寺《ひえいざんえんりゃくじ》をはじめとする既存の寺社勢力から迫害をうけることも多かった。そこで、本願寺は細川晴元のような有力な外護者を必要としていた。

そうしたなか、ちょうど晴元から協力要請が来たのである。それゆえ、本願寺は要請を受けいれることに決した。晴元に協力することで彼に恩を売り、寺の外護者になってもらおうとしたのだろう。本願寺は晴元の求めに応じ、門徒衆に動員令を発した。

その結果、たちまち多数の門徒衆が挙兵した。彼ら門徒衆は怒濤《どとう》の勢いで進撃し、まずは三好と親しかったものたち（河内の畠山義堯《よしたか》ら）を血祭りにあげ、次いで三好元長のいる堺に殺到した。その数、実に二一万人であったという。話半分としてもすさまじき大軍勢である。これに攻められては、三好元長といえどもなす術《すべ》がない。三好は刀折れ矢尽き、ついに堺で自刃してはてた。一五三二年（天文元年）六月二〇日のことである。

こうして、細川晴元は本願寺の力を利用し、重臣の三好元長を排除することに成功した。ところがその後、事態は思いがけない方向に進んでいく。

本願寺門徒衆の一部が暴徒化し、堺から奈良に進んで寺々を焼きはらい、略奪におよんだのだ。当時の記録には「聖教《しょうぎょう》、道路に充満《じゅうまん》して山のごとしと云々《うんぬん》。また、猿沢池《さるさわのいけ》の魚、おのおの取ってこれを食《しょく》す」（『二水記』）とある。寺々は略奪され、お経が道端に散乱して山のごとくになり、暴徒たちは猿沢の池（奈良の名池）にいる魚を食らうなど、目も当てられぬ狼藉《ろうぜき》にいたったというのだ。これを知って細川晴元は恐怖した。そこで、彼は今度は本願寺を討伐することを決意した。

ところで、こうした門徒衆の暴徒化は、六角定頼にとっても不都合なことであった。なぜならば、六角の領国・近江国は、門徒衆がとりわけ多く居住していたからである。そこで、これまでいがみ合っていた六角定頼（将軍義晴を擁する）と細川晴元（足利義維を擁する）は、本願寺という「共通の敵」を倒すべく和解し、手を組むことになった。「本願寺を討つ」ということが、細川・六角が和解する機縁となったわけである。そして二大名は、すぐさま本願寺に精兵を送りこんだ。

勝者は誰か

そのため、本願寺は、細川晴元・六角定頼、それに京都の法華衆《ほっけしゅう》（日蓮《にちれん》宗徒。本願寺と対立していた）の軍勢に猛攻された。その結果、京都郊外・山科にあった本願寺の華麗な堂舎は軍兵たちの大略奪をうけ、火を放たれて灰燼《かいじん》に帰した（一五三二年八月二四日）。

ちなみに、本願寺はこの事件で武家同士の闘争に関与することがいかに危険かを悟った。それゆえ、本願寺はこれ以後、諸大名としきりによしみを通じ、大名間抗争には可能なかぎり中立を保持して、これに介入することを避けていった（このような本願寺の和親・中立姿勢は、一五七〇年に信長に対して挙兵するまで、四〇年間にもわたって維持されていく）。

さて、こうして細川晴元は、本願寺という「共通の敵」の存在によって、長年の宿敵・六角定頼と和解するにいたった。そして、六角の擁する将軍義晴とも和し、彼を新たに主君として推戴することになった。ただ、このとき問題になったのは、細川晴元がこれまで「将軍」としていた足利義維の存在であった。これをかついだままでは、将軍義晴と和解することはできない。

そこで晴元は、足利義維を阿波国（晴元の生国）に退去させた。この仕うちに、義維は不満を抱いたことであろう。だが、晴元は最大の支援者である。その要請とあっては拒否することはむずかしい。けっきょく、足利義維はやむなく阿波に去った（一五三二年一〇月ごろ）。

この結果、細川晴元は、将軍義晴・六角定頼と晴れて和睦することになり、これによって長らく畿内に吹き荒れていた戦乱の嵐は、ようやくおさまることになった。それにともなって義晴は、将軍として近江から久しぶりに京都に戻った。時に一五三四年（天文三年）九月三日のことである。以後、義晴は、細川晴元と六角定頼という、畿内屈指の有力大名二人に支えられながら、京都・畿内に一定の安定をもたらすことになる。

それにしても、長い戦乱であった。その発端は、一五二六年（大永六年）に柳本賢治らが主君・細川高国にたいして丹波で造反におよんだことである。したがって、京都・畿内は、実に八年にもわたって戦乱に悩まされたことになる。畿内では、一一年つづいた応仁の乱に匹敵する大乱であったといってよいであろう。

そのあいだ、多くの軍将たちが畿内の覇権を握るべく戦い、そして散っていった。細川高国も死んだ、柳本賢治も殺された。そして三好元長も倒れた。今日、彼らの名は一般にはほとんど知られていないけれど、いずれも英傑というべきものたちであった。だが、ついに畿内の覇者にはなれなかった。そして、最後に京都に君臨したのは誰あろう、将軍義晴その人であった。

義晴はこの戦乱に終始、翻弄されただけであった。彼は最初、細川高国に擁立された。次いで高国が落ち目になると、その宿敵・細川晴元と連絡を取りあった。しかし、高国が勢力をもり返してくるや、ふたたびこれとよしみを通じた。ところが、そのあと高国が敗滅してしまうと、また晴元と連和した。

このように、義晴は形勢を観望し、有利なほうに味方した――といえば聞こえはいいが、実際はなす術なく、ただ左顧右眄《さこうべん》していただけであった。ところが、その義晴が最後には勝利者として京都に立ったのである。実に不思議というべきであろう。

本願寺は四・五代におよんで富貴《ふき》、栄花《えいが》を誇《ほこ》り、寺中広大《じちゅうこうだい》無辺《むへん》、荘厳《しょうごん》ただ仏国《ぶっこく》のごとし

右は、山科における本願寺繁栄の有様を伝える史料である（『二水記』天文元年八月二四日条）。山科に侵攻した細川・六角の軍兵や法華衆は、栄華を誇った本願寺に押しいり、略奪をほしいままにしたうえに火を放った。そのため本願寺は、このあと寺基を山科から大坂に移さざるをえなくなった。

ところで、本願寺は決して反大名・反権力ではなかった。たとえば、門徒衆にたいして地元の大名と親和するよう訓戒し、本願寺自身も、近隣大名とは和親政策をとっていた。にもかかわらず、本願寺は多くの大名から嫌忌された。その理由のひとつは、本願寺が百姓たちを組織化する術に長けていたことがあげられよう。

この時代、百姓たちは支配階級たる大名・武士たちからしばしば苛斂誅求《かれんちゅうきゅう》を受けていた。それは百姓たちが、武士たちにくらべて圧倒的多人数であったにもかかわらず、みずからを組織化する方法を知らず、それゆえ十分に団結することができなかったからにほかならない。ところが本願寺は、その百姓たちを広域的に組織化し、団結させ、彼らのもつ真の力を発現させてしまう（本願寺が堺の三好元長を討った際、二一万人もの大群衆を動員したのはその一例である）。したがって、そうした本願寺は百姓を支配する大名・武士たちにとって、味方にすれば頼もしいが、そうでなければ脅威以外の何ものでもなかった。ここに、本願寺が大名たちに恐れられ、敬遠された理由のひとつがあったといえよう。

2　小康の治を保つ

安定に向かう義晴の立場

将軍義晴は、連年にわたった戦乱の波動が畿内においてようやくおさまり、前途に落着の見とおしがつくや近江から帰京した。だが、政情はいまだ不安定であった。

そこで、彼は入京すると、禅宗の名刹・南禅寺《なんぜんじ》にはいってここに居を構えた（一五三四年九月三日）。この寺は、京都の東郊外にあってすぐ先は近江であり、万一の際、近江（義晴の支援者たる六角氏の領国）に脱出するうえで便利であったからである。また義晴は、南禅寺近くの山に避難用の城塞を建設しはじめた。将軍が築城するのはきわめて珍しい。ここからは、義晴がいかに政情不安を懸念していたかが知られる。

もっともその後、しばらくは義晴周辺において目立った騒動は起きなかった。これは、二人の有力大名が義晴を軍事的に支えていたからである。そのひとりは、近江の大名・六角定頼であり、もうひとりは、細川一門を率いる細川晴元であった。両者は、婚を結んでたがいに関係をつよめ（六角定頼の息女が、細川晴元の夫人となった）、義晴の「二枚看板」としてその政権を支えた。

ただし、京都・畿内で変事が皆無だったわけではない。たとえば、義晴帰京の翌々年には、京都市中において延暦寺の山徒と法華衆とが闘争におよび、京都は下京一帯が焼けるなどの被害をこうむった（一五三六年七月。天文法華《てんぶんほっけ》の乱）。また、細川氏内部で有力部将同士が争い、義晴が一時、京都から近江坂本に疎開する事態になった（一五四一年一一月）。しかし、いずれも大事にはいたらなかった。

それゆえ、義晴はしだいに居所を京都中心部に移していく。すなわち、帰京直後には京都郊外の南禅寺にあった彼は、その後南禅寺門前に仮御所を建設してここにはいった（一五三六年四月二六日）。次いでその半年後には、京都の中心部にある重臣（政所頭人・伊勢貞孝）邸に移り（一五三六年一二月一一日）、それからしばらくして、やはり京都市中に自前の邸宅を建設してここにはいった（一五三九年初めより建設開始）。なお、この邸宅は、当時の記録によれば「今出川《いまでがわ》（の）御所」と称されていたようである（『言継卿記』）。

ところで義晴は、近江より帰京する直前、五摂家のひとつである近衛《このえ》家（近衛尚通《ひさみち》）から御台所（正妻）を迎え、その後彼女とのあいだに嫡男の義輝《よしてる》（のちの一三代将軍）をもうけた

（一五三六年三月一〇日）。こうしたことから近衛家は、このあと一族こぞって義晴や義輝に近侍し、将軍家股肱の臣として活躍することになる。そこで研究者のなかには、義晴の時代（次の義輝時代も）を「足利・近衛体制」と呼ぶものもいる。

しかし、この呼称は当をえない。なぜならば、これでは細川・六角の二大名よりも、近衛家のほうが義晴の支柱として重要であったかのような印象をあたえてしまうからである。義晴にとって最大の支柱は、なんといっても細川・六角両氏であり、近衛家ではない。義晴の政権はこの二大名に軍事面で支えられており、彼らに見捨てられたならば政権は即座に崩壊の危機に瀕することになっただろう。この点を軽視してはいけない。

なお、近衛家が義晴に近侍したのにたいし、おなじ五摂家の九条家《くじょう》（九条稙通《たねみち》。近衛家と競合していた）は、阿波の足利義維に接近した。将軍家が義晴と義維とに分裂するにともない、摂関家もまた二つに分裂したわけである。

「頼りにされていた」将軍

義晴は、細川晴元と六角定頼に支えられていた。しかし、この二大名の拘束の下にあったわけでは決してなく、みずから政務・裁判を主導していた。そして、このような義晴を実務面で補佐していたのが、義晴の側近集団である「内談衆《ないだんしゅう》」であった。

内談衆は、将軍直臣のなかから義晴と個人的に近しく、かつ政務に練達するものが義晴によって任命された。その主なメンバーは、大館常興入道《おおだちじょうこう》（本名尚氏《ひさうじ》）、同晴光《はるみつ》（常興の子）、摂津元造《せっつ》、細川高久《ほそかわたかひさ》、荒川氏隆《あらかわうじたか》、本郷光泰《ほんごうみつやす》、海老名高助《えびなたかすけ》、朽木稙綱《くつきたねつな》といったものたちである（時期によってこの顔ぶれには変動がある）。彼らは、いずれも義晴に近侍してこれを補佐した。なお、内談衆は九代将軍・義尚《よしひさ》の時代にあった「評定衆」とその職掌がよく似ており、おそらくこれに範をとって案出されたのだろう（内談衆のひとり、大館常興はかつて評定衆の一員でもあった）。

では、内談衆は、具体的にどのようにして義晴を支えていたのだろうか。以下、この点を簡潔にふれたいが、その前に、このころの裁判について説明しておこう。

中世後期（室町〜戦国時代）でも、現代とおなじように裁判が実施されていた。ただ、この時代の裁判は、現代とは異なっている部分が多々あった。そのひとつが、さまざまな権力者が裁判を執行していたことである。

現代の日本では、基本的には国家が裁判権をもっている。これにたいして中世後期では、将軍をはじめとするさまざまな権力者が、それぞれ裁判権を保持していた。たとえば各地方では、その地に割拠する大名（戦国大名）が領国内での裁判権を有し、領民からの訴えをうけてこれを裁いていた。また、大名の有力家臣のなかには、自分の領地内で独自に裁判を実施しているものもあった。さらに、朝廷やこれにつかえる公家衆、また有力寺院や神社なども、各地にもつ荘園内で独自に裁判を実施していた。そのうえ、村落（百姓たち）も領主とは別個に裁判権をもち、村落内で生起した紛争を自身で裁き、解決に導いていた。

このように、中世後期では足利将軍のみならず、大名や朝廷、寺社本所、村落といったさまざまな主体が裁判権を有し、多くの「裁判所」が林立していた。将軍がすべての裁判権を一元的に掌握していたわけではなかったのである。そしてこうしたなかで、紛争を抱えたもの、つまり原告は、これら林立する裁判所のうちどこに訴訟を持ちこんでもよかった。

では、原告はどのような裁判所に訴訟を提起したのか。それは、自分にとって最も「頼りになる」ところである。すなわち、きちんと自分に有利な判決を下し、かつ、現在はもとより将来においてもしっかり実効性を有しうる、そのような判決を出してくれる（と考えた）裁判所に訴訟を提起し、調停・解決を依頼した。

したがって、どれだけ多くの原告から訴訟が持ちこまれたかということは、その裁判所を主宰する権力者が、どれだけ人びとから「頼りにされていたのか」を示すバロメーターになりえた。では、戦国時代、将軍にはどのくらいの訴訟が持ちこまれていたのだろうか。

その総数は正確には不明だが、戦国期に将軍に提出された訴状の写しや、将軍から出された判決文の原本や写しが、現代でも数百点以上も伝わっている（桑山浩然編『室町幕府引付史料集成』、今谷明・高橋康夫編『室町幕府文書集成・奉行人奉書篇』）。このことから考えて、戦国時代においても将軍のもとには依然として多くの訴訟が提起され、その解決や調停が依頼されていたと見てよい。つまり、この時代においても将軍は、依然として人びとから「頼りにされていた」のであった。戦国期の将軍というと「人びとから見捨てられ、ただ存在しているだけ」などといったイメージが現代ではつよいが、それは誤解である。

では、どのような人たちが、いかなる内容の訴訟を将軍に持ちこんでいたのだろうか。

将軍はどう裁いたか

まず将軍に訴訟を持ちこんでいたのは、京都やその近郊に住む公家衆や寺院・神社といった諸領主（荘園領主）、京都近郊に所領をもつ諸豪族、それに京都の商工業者（町衆）や近郊の村落などであった。そして彼らは、金銭の貸し借りや物の売買にともなうトラブルから、種々の特権の確認・安堵、さらには相続や土地の所有権をめぐる争いにいたるまで、多種多様な紛争を将軍のもとに提訴し、その解決・調停を依頼していた。

なお、将軍に裁判を希望するものは、将軍に礼銭《れいせん》を納めなければならなかった（手付金だけでも、現在の貨幣価値で一〇万円以上もの銭貨を納付する必要があった）。それにもかかわらず、京都やその郊外のさまざまな人びとが、いろいろな内容の訴訟を将軍のもとに持ちこみ、裁判を求めていたわけである。

さて、こうしたことは義晴の時代もおなじであった。すなわち、将軍のもとには多岐におよぶ内容の訴訟が、京都およびその周辺のものたちから提起されて裁判が依頼されていたのである。そこで義晴はこうした訴訟を、側近たる内談衆に補佐されながら処理していった。では、それはどのようになされていったのだろうか。その手順の大要を述べておこう。

まず、紛争を抱えたもの（原告）が、将軍家の事務官僚である奉行衆（一五名前後いた）に訴状を提出する、ということで裁判が開始された（訴状は内談衆に提出されることもあった）。次いで、奉行衆がこの訴状などを審査し、その結果を内談衆に伝えた。すると内談衆たち（上述のごとく八名前後いた）がこれを審議した。この審議は、内談衆と奉行衆との定例合同会議である「披露事《ひろうごと》」（七のつく日に開催された）や、内談衆だけの非定例会議である「内《ない》談《だん》」などでなされた。ただし、内談衆の面々が都合で集合することができない場合は、「折《おり》紙《がみ》」と呼ばれる文書を内談衆全員に回し、そこに各自の見解を書いてもらうことで審議に代えるということもあった。

こうして内談衆によって審議がなされ、一定の結論が出されると、これが最終的な判決になることもあったが（内談衆は将軍義晴から決裁権の一部を委ねられていた）、重要な案件であると内談衆によって判断されたときは、義晴の決裁があおがれた。

その場合、「日行事《にちぎょうじ》」（内談衆の当番。数日ごとに持ちまわりで担った）が内談衆の統一見解を「手日記《てにっき》」と称される文書に記し、それを義晴に上申してその意向をうかがった。すると、義晴は内談衆の統一見解を参考にして自分の判断を下し（義晴は内談衆の見解に拘束されずに判断を下すことができた）、これを日行事に伝えた。そこで日行事は、義晴の上意を「賦《くばり》」と呼ばれる文書に記して奉行衆に伝達し、次いで奉行衆はこの上意にしたがって、一定の書式をもつ判決文書（研究者はこれを「幕府奉行人奉書」と呼んでいる）を作成してこれを訴訟当事者に下した。こうして裁判は完了したのである（山田康弘『戦国期室町幕府と将軍』）。

さて、ここで裁判について少し詳しく述べたのは、細川晴元や六角定頼が裁判を指揮していたわけではなかったことを示したかったからである。よく「義晴は将軍の空名をもつだけで、まったく細川らの傀儡にすぎなかった」などといわれることがあるが、それは誤りである。細川らは義晴政権の支柱であり、義晴主宰の裁判にも部分的に介入することはあった。しかし、裁判を完全に牛耳っていたわけでは決してなかった。

なお、さきにも述べたように、将軍に裁判を希望するものは礼銭を納めなければならなかった。この礼銭は将軍の貴重な財源となったから、義晴や内談衆は、多くの裁判が将軍に依頼されるよう、裁判の円滑な遂行に注力し、裁判機関としての信頼性向上に専心した。

すでに右筆方《ゆうひつがた》意見を尋《たず》ねとぶらわる上は、意見状《いけんじょう》の旨《むね》をもって御成敗《ごせいばい》、別儀《べつぎ》無き御事《おんこと》に

候《そうろう》

将軍家の奉行衆は、鎌倉時代より法曹事務官僚を務めてきた飯尾《いのお》・斎藤《さいとう》・諏方《すわ》・清《せい》といった家の出身者で占められ、法や慣習についてのさまざまな知識を蓄積していた。それゆえ、義晴や内談衆は判決を下すに際し、必要に応じて奉行衆に諮問を下し、彼らからその見解＝「意見」を上申させていた。注目されるのは、義晴らは奉行衆から「意見」が上申されてくると、その内容どおりに判決を下したことである。右に掲出した文章はそのことを示す大館常興入道（内談衆のひとり）の言葉であり、そこには「すでに右筆方（奉行衆のこと）に意見を諮問した以上は、奉行衆の意見状のとおりに判決を下すのがよい」とある（『常興日記』天文九年七月二五日条）。

このように義晴・内談衆は、法の専門家である奉行衆の「意見」にしたがって判決を下した。こうすることで奉行衆の見解を判決に反映させ、幕府（狭義の幕府）の裁判機関としての信頼性を確保しようとはかったわけである。もっとも、義晴や内談衆は、いつも奉行衆に「意見」を求めたわけではなかった。すなわち義晴らは、法の専門家ではない自分たちが裁けば誤審をおかし、裁判の信頼性をそこないかねないような一部のむずかしい訴訟案件を処理する場合などには、奉行衆に諮問して「意見」を上申させ、その指示どおりに判決を下していた。しかし、一般の訴訟を処理する場合は、奉行衆に「意見」を求めず、自分たちの判断によって判決を下していたのである（山田康弘『戦国期室町幕府と将軍』）。

第四章　大樹ご生害す
——一三代将軍義輝

1　細川と三好のどちらを選ぶか

北白川城包囲事件

　こうして義晴は、内談衆などを創設し、将軍としての立場をしだいに確固たるものにして数年にわたって京都・畿内において小康の治を保った。

　そのような義晴にとって最大の懸念材料であったのは、兄弟である足利義維《よしつな》の存在であった。義維は、細川晴元によって阿波国《あわのくに》に封じこめられていた。しかし、しばしば蠢動《しゅんどう》し、ときに侍臣を堺（大阪府堺市）にまで上陸させて京都をうかがったからである。

　そこで義晴は、嫡男・義輝（幼名は菊幢丸《きくどうまる》）をいまだ赤子のころから宮中に参内《さんだい》させた。こうすることで「義輝こそが次期将軍である」ということを内外に宣言したのだ。そのうえで、義輝が一一歳に達するや彼を元服させ、将軍の地位も譲ろうとした（義晴も、一一歳で将軍となったからである）。

ところが、ここで一波乱が起きた。畿内の政情がふたたび動揺するにいたったのだ。これまで述べてきたように、義晴の政権は、細川晴元と六角定頼という「二枚看板」を支柱としていた。そのうちの一枚である細川晴元が、同族の細川氏綱《うじつな》から挑戦をうけて大敗を喫し、京都を追いだされてしまったのである（一五四六年九月）。

それゆえ、義晴は二枚看板のもう一枚である、六角定頼をこれまで以上に頼りにするようになり、かねてより予定されていた嫡男・義輝の元服式と将軍宣下の儀式を、京都ではなく、六角氏の領内である近江国の坂本で挙行した。こうすることで義晴は、六角定頼との関係をよりいっそう深めようとしたのだ。また、このとき義晴は六角に命じ、彼に義輝の烏帽子親《えぼしおや》（加冠役）の役目を担わせた（『光源院殿御元服記』他）。烏帽子親とは、元服する若武者に烏帽子をかぶらせる役のことであり、「烏帽子親になる」ということは、この若武者の後見役になることを意味した。つまり、義晴は六角定頼を、息子・義輝の後見役にしたわけである。

さて、こうして義晴は将軍の地位を退き、かわって子息の義輝が新将軍となった。一三代将軍の誕生である（当時は義藤《よしふじ》と名のっていた）。時に一五四六年（天文一五年）一二月二〇日のことであった。

その後、将軍義輝は、父・義晴とともに坂本から帰京し、次いで参内して天皇（後奈良《ごなら》天皇）に将軍宣下の謝辞を献じた。その際に義輝は、当時仮御所としていた京都東山の慈照《じしょう》寺《じ》を出ると、すぐには宮中に向かわず、今出川《いまでがわ》御所に立ち寄ったうえで参内した（『言継卿記』）。前述のように、当時は前将軍の居館にはいることが新将軍の正統性を示す指標のひとつ、と考えられていた。そこで義輝は、父・義晴の居館である今出川御所にいったん立ち寄ることで、父の正統な後継者であることを内外に示したわけである。

足利義輝像　国立歴史民俗博物館蔵

もっとも、将軍義輝はいまだ幼少であったから（一一歳）、前将軍である父の義晴が、引きつづき実権を握ることになった。すると義晴は、落ち目になっていた細川晴元を見捨て（義晴はこの少し前から晴元との関係が悪化していた）、これを凌駕《りょうが》しつつあった細川氏綱を代わりに登用せんとはかった。つまり細川氏綱を、六角定頼とならぶ新たな「二枚看板」にしようとしたわけである。だがこのことは、当然ながら細川晴元を怒らせることになった。

そこで、晴元はただちに義晴への報復にでた。

晴元は奇貨を持っていた。足利義維である。晴元はこれを利用した。すなわち、これまで阿波に封じていたこの足利義維を「将軍」としてかつぎ出したのだ。そのうえで晴元は、各地で細川氏綱派をつぎつぎと打ち負かし、義晴のいる京都に急迫した。

義晴はこの状況に恐怖した。そこで彼は、かねてから京都東郊外に避難所として建設していた北白川《きたしらかわ》城（京都市左京区）に、息子の将軍義輝とともに立てこもった（一五四七年三月）。

こうして、将軍父子（義晴・将軍義輝）と細川晴元は、激しく対立することになった。すると、この状況に六角定頼は困惑した。なぜならば六角は、将軍義輝の烏帽子親（後見役）であったことから、将軍父子を見捨てることができず、さりとて細川晴元には娘を嫁がせていたので、晴元を見捨てることもできなかったからである。

そこで六角定頼は、将軍父子と細川晴元が仲直りするよう、強引な手法を採用した。娘婿の細川晴元と手を組んで大軍を催すや、将軍父子の籠城する北白川城を包囲し、義晴にたいして「晴元と和解されたし」と強要したのである。

父義晴が死す

室町時代初期、諸大名が将軍御所を大軍で包囲し、将軍に要求をつきつけてこれを受諾させる、という事件がときにあった。これを「御所巻《ごしょまき》」という（清水克行『室町社会の騒擾と秩序』）。さすれば、このときの六角定頼による北白川城包囲事件も、こうした御所巻の一種と考えることもできよう。

さて、北白川城にあった義晴は、六角・細川連合軍の重囲におちいって困惑した。そこで、やむなく六角定頼からの要求に屈し、細川晴元との和睦に同意した。義晴は六角を頼りにしていたから、その六角に迫られては拒否できなかったのだ。この結果、将軍父子（義晴・将軍義輝）と細川晴元は、六角定頼の仲介で和解することになった（一五四七年七月）。

なお、この和解にともなって細川晴元は、これまで「将軍」として擁してきた足利義維をまた見捨てた。このころ、義維は阿波から堺にまで進出していたのだが、この事態をうけてやむなく阿波に戻った。義維にとってはさぞかし無念なことであったろうが、彼にはまだチャンスが残されていた。だが、これは後述することにしよう。

こうして、畿内はまた平安を取りもどした。しかし、それは二年ほどしかつづかなかった。ふたたび動乱が起きたからである。その原因は、細川晴元の重臣・三好長慶《ながよし》（元長の子）が台頭してきたことにあった。晴元はしだいに台頭してくる三好長慶を恐れ、これを排斥せんとはかった。ところが、かえって三好方の反撃をうけて大敗を喫し、京都から近江国に追いだされてしまった（江口の戦い。一五四九年六月）。このとき、将軍義輝とその父・義晴もまた難を避けるべく、細川晴元に擁されて京都から近江に退いた。

その後、義輝は細川晴元らとともに、京都を奪還すべく三好と戦った。しかし、三好兵はつよく、容易にこれを打ちやぶれない。そうしたなか、父の義晴が陣中で病に倒れてしまった。当時の記録は、彼の病状を「水腫張満《すいしゅちょうまん》（浮腫《ふしゅ》〔むくみ〕が著しい）」と伝えている（『言継卿記』他）。義晴は養生に励んだが、薬石功なく、近江国穴太《あのう》（滋賀県大津市）の陣中で没した。時に一五五〇年（天文一九年）五月四日のことである。享年は四〇であった。

こうして前将軍・義晴は死んだ。彼は、細川高国にいわば「勝手に擁立された」将軍であった。そのことも影響してか、義晴は兄弟の足利義維ら政敵に押され、しばしば危機に瀕した。だが、それでもしぶとく生き残った。そして、高国が敗死するや今度は細川晴元や六角定頼という新たな支柱を見いだし、しだいに将軍としての立場を強化していった。

その結果、義晴の将軍在位期間は戦国歴代将軍中、最長の四半世紀にもおよんだ。この間、義晴は京都を何度となく追われた。しかし、その将軍在位中、地方にあったのは全体の三分の一にすぎず、三分の二は京都に君臨しつづけていた。つまり、義晴は地方に追われても、そのつど京都に舞い戻り、それなりに長く在京していたわけである。そう考えればこの人物は、案外と「いくさ上手だった」といえるのかもしれない。

借宿《かりやど》をば……修理《しゅうり》をも加え、宿主《やどぬし》によくよく労《いたわ》り候《そうろう》て候はば、しかるべく思《おぼ》し召《め》され候

義晴は、しばしば京都から近江に移座した。それゆえ、彼の近臣たちは京都に屋敷を

もたず、京都市中において諸人の家を間借りし、人びとに難儀をおよぼした。すると、このことを知った義晴は怒り、「知行を有している近臣たちは、きちんと私宅をかまえよ。また、知行がなくてそれができないものは、借りている住居に修理を加え、宿主をよくよくいたわるのがよい」と命じた。右に掲出した文章は、そのことを伝える史料である（『常興日記』天文九年一〇月二〇日条）。京都は、義晴にとって最も重要な権力基盤であった。それゆえ彼は、内談衆の制度を創設して、京都周辺における裁判が円滑を欠かないようにはかり、また、近臣の狼藉《ろうぜき》をいましめて京都市民の生活に気を配ったのである。

重臣伊勢貞孝の裏切り

父・義晴が死んだとき、息子の将軍義輝は一五歳であった。義輝は、これまで父の後見をうけてきたが、父の死によって名実ともに将軍として自立することになった。そうした彼にとって喫緊の課題であったのは、宿敵・三好長慶の手に帰している京都の奪還であった。

そこで、義輝は父の葬儀を済ませると、同盟する細川晴元や六角定頼の兵とともに、近江から京都東郊外にまで進出した。そして、京都の東山《ひがしやま》に城塞を築いてここを本拠としつつ、三好討伐に臨んだ。だが、三好にはどうしても勝てない。

義輝らは、畿内各地から結集した三好軍四万に猛攻されてたちまち敗色濃厚となり、ふたたび近江に撤退することを余儀なくされた（一五五〇年一一月二一日）。しかも、この直後に義輝は、累代の重臣というべき伊勢《いせ》氏の当主・伊勢貞孝《さだたか》に離反され、敵方である三好長慶のもとに奔《はし》られてしまった（一五五一年正月末）。

さきにも述べたように、この伊勢氏は将軍家直臣中の名族であり、歴代の当主は政所頭《まんどころとう》人《にん》のポストに任じられてきた。ちなみにこの政所頭人というのは、将軍家の財産を管理し、また、将軍のもとに提訴された訴訟案件のうち経済関係のもの（土地の売買や、金銭貸借などをめぐる紛争）について、将軍にいちいちうかがうことなく裁判を実施し、独断で判決を下すことのできた重職である。これを、伊勢氏当主は室町時代初期から代々、世職としてきたのだ。

そうしたことから、伊勢氏の歴代当主は、そのときどきの将軍から深い信任を受けてきた。たとえば、八代将軍義政につかえた伊勢貞親《さだちか》は、義政の側近となって「御父」（育ての親）と称された。その子貞宗《さだむね》も、九代将軍義尚やその生母である日野富子に近侍したうえ、一一代将軍義澄の側近としても活躍した。さらに、貞宗の子である貞陸《さだみち》、孫の貞忠《さだただ》（貞陸の子）も、一〇代将軍義稙《よしたね》（再任後）や一二代将軍義晴に近侍してこれを支えた。

もとより伊勢貞孝（伊勢氏庶流の出で、本家を継いだ）も、これまで義晴・義輝父子につかえ、父祖からの世職である政所頭人を務めつつ、幼い義輝の訓育も担当するなどして将軍周辺で重きをなしてきた。その貞孝が、ここで義輝を見限り、将軍の敵・三好長慶のもとに出奔してしまったのだ（最初、貞孝は、義輝を拉致して三好のもとに駆けこもうと計画したが、これは中途で露見し、そこで自分だけ三好に奔ったという。『厳助往年記』）。

彼がなぜこのような行動をとったのか、その理由は不明である。ただ、三好長慶はこのころ義輝らに連戦連勝していた。さすれば、これを見て伊勢貞孝は「これからは三好の時代だ」と判断し、一族の盛衰を三好に賭けたのであろう。

さて、義輝にとって重臣・伊勢貞孝の離反は大打撃であった。それゆえ、義輝方では劣勢をいっきょに挽回せんとして、三好長慶に刺客を放ってこれを暗殺せんとした（一五五一年三月一四日）。けっきょく、暗殺は未遂に終わったが、三好はこの一件で「義輝方と対立するのは危険だ」と悟ったのか、義輝との関係改善を模索しはじめた。その結果、義輝と三好長慶は和解することになり、これによって義輝は、滞在していた近江の朽木《くつき》（滋賀県高島市）から約二年半ぶりに京都に戻った（一五五二年正月二八日）。

伊勢守《いせのかみ》（貞孝）のもとにおいて三好筑前守《みよしちくぜんのかみ》（長慶）、酒宴《しゅえん》のところ、進士九郎《しんじくろう》、三好に述懐《じゅっかい》し、二刀《にとう》あり

三好長慶は、伊勢貞孝が将軍義輝を見限って自分のもとに奔ってきたことを知って喜

び、自邸に伊勢を招いてもてなした。その後、三好は返礼として伊勢貞孝から京都の邸宅に招待され、伊勢邸で饗応《きょうおう》をうけたが、そのさなか、元将軍直臣の進士九郎に斬りつけられた。右はそれを伝える史料であり、「伊勢邸において酒宴中、進士九郎が三好に不満をもち、二度にわたって三好に斬りかかった」とある（『厳助往年記』天文二〇年三月一四日条）。この直後、三好の政敵・細川晴元の軍勢がタイミングよく京都に進攻しているから、この暗殺未遂事件は、細川晴元をはじめとする近江の反三好勢力が画策したものと思われる。

この時代、暗殺事件は未遂もふくめて相当数あったと推測され、畿内では、一〇代将軍義稙の暗殺未遂（義稙は毒殺されかかり、次いで刺客に襲われた）や柳本賢治の暗殺事件などが有名である。ただ、暗殺はその性質上、史料に残ることは少ない。三好長慶の暗殺未遂事件は、たまたま史料に残った貴重な事例のひとつである。

連携相手の取捨に迷う

義輝は帰京すると、これまで自分を支えていた細川晴元と断交し、三好長慶の罪を許してこれと連携した。三好の実力を再認識したからだろう（なお、義輝は同時に伊勢貞孝も許し、自分のもとに帰参することを認めた）。この結果、細川晴元は没落して北に去り、代わって三好長慶が、義輝の重臣筆頭となって畿内で勢威並ぶものなしとなった。

しかし、三好長慶は義輝を二年以上も京都から追放したうえ、前将軍・義晴を無念の客死に追いやった張本人である。それゆえ義輝周辺では、三好長慶に反発する将軍直臣たちも多かった。これら反三好の将軍直臣らは、細川晴元とひそかに通謀し、三好の打倒を画策した。

こうしたなかで、没落していた細川晴元がふたたび勢威を盛りかえし、三好方を打ちやぶって畿内周辺にまで進出しはじめた。この状況を前にして義輝は、京都東郊外の霊山《りょうぜん》城（京都市東山区）にこもって形勢を観望したが、細川勢が京都に近づいてくると、これまで通り三好長慶との連携をつづけていくべきか、それとも三好とは手を切って、復調いちじるしい細川晴元とふたたび手を組むべきか、その取捨に迷いはじめた。

このころ畿内の覇権は、細川から三好に移りつつあった。したがって、義輝にとっては「三好長慶と手を組む」というのが「正解」であった。しかし、このときはちょうど細川から三好に覇権が移行する、その端境期にあたっていたことから、細川晴元はいまだそれなりに勢威を保ち、三好長慶はこれを十分に凌駕できないでいた。それゆえ、細川と三好のどちらを連携相手とすべきか、その判断はむずかしく、義輝は迷いに迷った。将軍直臣らも、細川支持派（義輝側近の上野信孝《うえののぶたか》ら）と三好支持派（三好長慶の盟友である伊勢貞孝ら）との二つにわかれ、おのおの、自分たちの支持するほうと手を組むようにと義輝に求めた。

けっきょく、義輝は迷ったすえ、「三好長慶と手を切り、細川晴元とふたたび連携する」

ことに決した。そして細川とともに、京都郊外における三好の属城（西院小泉城《さいいんこいずみ》）を攻囲した（一五五三年七月）。だが、この決断は失敗であった。三好長慶を怒らせることになったからである。三好は、畿内各所から二万五〇〇〇もの軍兵を集め、この大軍でもって京都の義輝を攻めた。

これにたいし、義輝はみずから陣頭に立って力戦した。しかし、同盟する細川晴元配下の軍将たちの士気が低かったこともあって、三好長慶に惨敗した。時に一五五三年（天文二二年）八月のことである。義輝は、細川晴元とともに京都から近江に退いた。なおこのとき、多くの将軍直臣が義輝と行動をともにした。ところが、彼ら直臣たちは三好長慶から「将軍にしたがうものは、その所領を没収する」と宣告されると動揺をきたし、その大多数がこの直後、義輝から離反して京都に戻ってしまった。

三好長慶は、これら将軍直臣たちを収容し、以後、伊勢貞孝（ふたたび義輝から三好のもとに奔った）とともに、彼らを京都支配の手足として使った。

2　将軍御所炎上す

三好長慶は、義輝を京都から近江に追うと、阿波にいた足利義維《よしつな》（前将軍・義晴の兄弟）を一時、新将軍として京都に迎えんとした。しかし、けっきょくこれをはたさず、さりとて近江の義輝を討つこともせず、義輝方とにらみ合った。

いっぽう、義輝は三好勢に大敗して京都を失ったのち、近江の朽木に移座した。この朽木は、義輝がこれまで一度、一年ほど滞在したことのある地である（父義晴も、かつて朽木に滞在したことがある）。ここで義輝は京都奪還をはかった。しかし、なかなかその機会はおとずれない。それゆえ、義輝の朽木滞在は長引き、数年がすぎていった。

義輝にようやく好機がめぐってきたのは、朽木での生活が四年になろうとしていたころである。そのきっかけは、加賀国《かがのくに》（石川県南部）を実質支配する大坂本願寺（住持は顕如《けんにょ》。証如の子）と、その隣国・越前を支配する朝倉氏（朝倉義景《よしかげ》）とが争いをはじめたことにあった。両者は激しく戦ったが、なかなか決着がつかず、双方ともに疲弊して進退きわまった。そこで、当時朽木にあった義輝に乞うて仲裁してもらい、これによって本願寺と朝倉氏はようやく休戦することができた（一五五六年四月）。

本願寺は朝倉との戦いで苦戦していたので、義輝の仲裁によって休戦が成立して愁眉を開いた。それゆえ、本願寺は「義輝には利用価値あり」と再認識することになったのであろう、このあと義輝に接近した。義輝もまたこれに応じ、ついに両者は手を組むことになった（一五五七年四月。義輝の支柱たる細川晴元の息女が、本願寺顕如のもとに嫁ぐ、というかたちで同盟が成立した。『私心記』他)。

この結果、義輝は、宿敵・三好長慶の支配下にある京都を、東の近江朽木(義輝ら)と西の大坂(本願寺)とではさみ撃ちしうるようになった。つまり、三好にたいして軍事的に有利な状況を手に入れたわけである。

そこで義輝は、これを好機と見て京都奪還の兵を挙げた。時に一五五八年(永禄元年)三月のことである。朽木で雌伏すること五年目の出来事であった。義輝は、同盟する細川晴元とともに手勢を率いて京都に進撃し、各地で三好長慶の軍勢と激戦を演じて一歩も引かず、三好方を閉口させた。けっきょく義輝も三好長慶も、ともに決定打を打ちだせず、戦いは膠《こう》着《ちゃく》した。そのため両者は「三好長慶が義輝を受けいれる」というかたちで和議を結んだ。

この結果、義輝は五年ぶりに京都に戻った(一五五八年一二月)。そのあと彼は、長年におよぶ朽木での亡命生活で「三好に威勢あり」と痛感したのか、従来の反三好方針を転換して三好長慶と連携した(ちなみに、三好につきしたがっていた伊勢貞孝も政所頭人に復帰させた)。それゆえ、義輝は三好から軍事・警察力の提供をうけることになり、これによってその将軍としての立場はようやく安定に向かった。

いっぽう三好長慶のほうも、義輝と手を組むことでこれを政治的に利用した。たとえば、義輝から三好一門の面々に高いランクの栄典《えいてん》（称号や位など）を授与してもらい、これによって「三好は他大名とは別格だ」ということを世間に主張しうる根拠をえた。また、義輝と大名たちとの仲介役を担い、諸大名と親交を結ぶ契機を入手することにもなった。つまり、義輝と三好は相互に補完しあったわけである。

この関係は当初は安定していた。ところが、しだいに両者のあいだには溝が生じていく。その原因は、三好一門に不幸が相次いだことにあった。まず、これまで三好長慶を支えてきた三人の弟たちがつぎつぎに落命した（三好実休《じっきゅう》入道は討死し、十河一存《そごうかずまさ》は病死、安宅冬康《あたぎふゆやす》は兄の長慶に殺された）。さらに、長慶唯一の男子である後継者の三好義興《よしおき》も、おなじころに病をえるやたちまち死去した（一五六三年八月）。そして、ついに長慶本人までもが病没してしまった（一五六四年七月）。

この結果、三好一門は主要人物が全滅し、その勢威は著しく低下した。このあと三好一門は、長慶の甥にあたる三好義継《よしつぐ》がこれを率いることになったが、彼はまだ若年であり、一門を十分に掌握しきれない。そのため三好内部では、三好三人衆（三好長逸《ながやす》・三好宗渭《そうい》・石成友通《いわなりともみち》）と松永久秀《まつながひさひで》という、重臣同士の抗争が顕在化しはじめていった。

台頭する義輝

これにたいして義輝のほうは、将軍としての立場を着々と強化していった。まず、これまで離反をくり返してきた重臣の政所頭人・伊勢貞孝を粛清した（一五六二年九月一一日）。そして、伊勢氏が長年、独占世襲してきた政所頭人の重職を同氏より奪い、これを自分の近臣（摂津晴門《せっつはるかど》）に預けて政所方を掌握した。

また、義輝は抗争しあう大名たちの要請をうけ、彼らのあいだに入って和平を命じたり、抗争の調停・仲裁を進めたりした（たとえば、中国・北九州地方の毛利氏と大友氏、中国地方の毛利氏と尼子氏《あまご》、南九州の島津氏と伊東氏《いとう》などとの仲裁を進めた）。こうした義輝の外交行為は、十分な強制力をともなわなかったこともあって、いつも成功したわけではなかった。しかし、まったく無効というわけでもなかった。

たとえば、義輝は、出雲国《いずものくに》（島根県東部）などの大名である尼子氏から「毛利氏（毛利元《もと》就《なり》）とのあいだの抗争を調停して欲しい」と依頼された。そこで義輝は、毛利氏に「尼子と和平せよ」と命じたうえ、毛利氏のもとに将軍特使として聖護院道増《しょうごいんどうぞう》（京都・聖護院の門跡）を派遣した。すると、これを知った毛利元就は「尼子との和平は受けいれがたい」としながらも、将軍特使をすげなく追いはらうこともできず、息子（吉川元春《きっかわもとはる》）に「聖護院殿は公方様の伯父であり（義輝の母方の伯父）、公方様に発言力のあるお人でもある。だから、これをきちんと接遇し、ご機嫌を損なわないようにしなくてはならない。頭の痛いことだ」と嘆息している（「吉川家旧蔵文書」）。

この当時、毛利氏はすでに中国地方随一の大大名となっていた。だが、その毛利氏といえども、義輝の意向を一蹴することはできなかったのである。

さらに、義輝は三好以外の大名ともよしみを通じた。たとえば、越後国《えちごのくに》（新潟県）の大名・上杉謙信《けんしん》（長尾景虎《かげとら》）がみずから手勢を率いて上洛してくると、上杉にさまざまな栄典を授けて彼を優待した（一五五九年。ちなみに同年には、織田信長も短期間、上洛している）。

謙信は、義輝からの厚遇に感激した。そして、「国の儀、一向捨て置き、無二《むに》、上意様御前を守り奉《たてまつ》るべし（領国を捨て置いても、義輝様をお守りいたします）」と述べて、義輝に篤い忠誠心を示した（「上杉家文書」）。こうしたことから、当時世間では「義輝が上杉謙信と手を組み、三好を成敗するのではないか」といった風説が広まっていたという（『歴代古案』）。

三好一門は、このような義輝にしだいに警戒心を募らせていった。三好方は長慶をはじめとする主要メンバーのあいつぐ死で、退潮の一途をたどっていたからである。三好が義輝をいかに脅威に感じていたかは、このころ、義輝の八歳になる息女を人質にとっていたことからも知られる。義輝と三好方とのあいだには、緊張が高まっていった。

御気色《ごきしょく》、もってのほかの御事《おんこと》にて……少弼《しょうひつ》、よきようにいたし候《そうら》えと、あらあらと仰《おお》せ

出《い》だされ候

義輝は、これまで伊勢貞孝に二度にわたって離反されたが、永禄元年（一五五八）末に三好長慶と和解して五年ぶりに帰京すると、貞孝の罪を許し、政所頭人にも復帰させた。とはいえ、政所頭人は京都内外で生起した金銭貸借や売買地をめぐる訴訟の裁判を一手に担う重職である。それゆえ、義輝やその近臣たちにとってそのような重職に、しばしば反旗をひるがえしてきた伊勢貞孝をいつまでも据えておくことは不都合であった。

そこで、義輝らは貞孝排斥に動いた。しかし、貞孝の背後には三好一門がいたので、義輝の動きは三好によって阻止された。たとえば、伊勢貞孝が政所頭人として裁き、すでに解決済みになっている案件について、義輝がその是非を調査しようとする、ということがあった。すると、松永久秀（三好氏重臣）から「そのようなことは貞孝の面目を失わせることだ」と抗議されてしまった。右に掲出した史料はこのことを伝えるものであり、義輝は松永の抗議に立腹し、「御気色（ご機嫌）はもってのほか悪くなり、「ならば少弼《しょうひつ》（松永久秀）がよきようにせよ」と荒々しく仰せ出だされた」とある（大日本古文書「蜷川家文書」七七四号）。

このように義輝は、伊勢貞孝と三好が連携しているなかでは貞孝排斥を十分には進められなかった。そこで義輝方では、貞孝と三好方の離間をはかった。この策謀は奏功し、しだいに貞孝と三好は疎遠になって、ついに貞孝は三好に討たれてしまった。そしてその結果、義輝は伊勢氏をしりぞけ、政所頭人に自分の近臣を据えることに成功したのである。

まさかの凶変

こうしたなかで、大事件が起きた。三好一門の当主となったばかりの三好義継と、その重臣・松永久通《ひさみち》（久秀の子）に率いられた一万あまりの大軍が、義輝の住む将軍御所を包囲したのだ。時に一五六五年（永禄八年）五月一九日のことである。

当時京都は、上京と下京という二つの町にわかれており、将軍御所はこの両者を結ぶ中間点、勘解由小路《かでのこうじ》烏丸《からすま》室町《むろまち》にあった。そこを、三好義継の大兵が取りかこんだ。三好兵たちは「将軍に訴えたいことあり」と称して御所の門外に集結し、しばらくして門内に乱入してきたという。これを見た義輝は、近臣たちとともに三好兵を迎え撃った。

だが、このとき御所内には兵が少なかった。それゆえ、義輝は奮戦の末、力尽きて三好兵に討たれてしまった。近臣たちもつぎつぎに倒れ、主なものだけで数十人が主君に殉じたという。なお、義輝の母（前将軍・義晴の御台所。夫の死後、剃髪《ていはつ》して慶寿院《けいじゅいん》と称した）や義輝末弟の周暠《しゅうこう》（京都・相国寺の僧）、義輝の愛妾《あいしょう》・小侍従殿《こじじゅうどの》も、三好に殺された。将軍御所は三好兵によって火を放たれ、たちまち灰燼に帰した。

こうして義輝は死んだ。思えば、彼の人生は難況の連続であった、幼くして政界にデビューし、父の譲りをうけて一一歳で将軍となった。以後、宿敵・三好長慶と戦うもしばしば敗走し、五年間も朽木での生活を強いられたこともあった。しかし、そこから京都への復帰をはたし、晩年は、かつて対立しあった三好と手を組んで、活躍の場をひろげていった。ところが、これから将軍としていよいよ大きく飛躍せんとするまさにその矢先、三好らに叛《そむ》かれて中道で倒れた。享年、わずかに三〇であった。

さて、「将軍義輝が殺害さる」との報は、たちまち列島各地に駆けめぐり、多くの人たちに衝撃をあたえた。

たとえば、朝廷（正親町《おおぎまち》天皇）につかえる女官は「言葉もない」とその日記にしるした（『御湯殿上日記』）。天皇も驚き、すぐさま義輝の妹（入江殿《いりえどの》）に弔問の勅使を下して同情を寄せたうえ、三日間の廃朝《はいちょう》（業務の停止）を実施して三好らの反逆に不快感を示した（さらに朝廷は事件直後、故義輝に「左大臣・従一位」の栄位を贈っている）。また、越前朝倉氏は事件を知って、「誠《まこと》に恣《ほし》いままの仕立《した》て、前代未聞、是非《ぜひ》なき次第《しだい》、沙汰《さた》のかぎりに候」と三好に怒り、越後の上杉謙信も三好らに激怒し、「三好・松永が一類、ことごとく頭を刎《は》ねる べしと仏神に誓った（「上杉家文書」）。

さらに、畿内の有力武将（安見宗房《やすみむねふさ》）は、義輝の死を聞くや、次のように述べて切歯扼腕《せっしやくわん》した。すなわち、「先代未聞《せんだいみもん》の仕合、是非なき次第に候。天下諸侍《てんかしょざむらい》、御主《おんあるじ》に候ところ、三好の仕様、無念の儀に候（前代未聞の事件であり、是非なき次第だ。将軍様は天下諸侍の御主である。それなのに三好はその将軍様に刃を向けた。無念というほかない）」（『歴代古案』）。

また、義輝殺害から二年後、京都で義輝の供養のために仏事が催行された。その際、京都・畿内近国から大勢の男女が、義輝の霊をとむらうために参集した。その数は、実に七万〜八万人にも達したという。これを見たある公家は「先代未聞の群集なり」と日記に書いて、驚きをあらわしている（『言継卿記』）。ここからは、一般庶民までもが義輝の横死を嘆き、三好への怒りを示していたことがわかる。

戦国時代は、よく「下剋上《げこくじょう》の時代」だといわれる。しかし、この時代にあっても「主君を尊重すべし」という考えは、なお社会に通念として広く深く浸透していた。そして将軍は、列島各地における多くの諸大名から、いまだ主君として敬仰されていた（むろん、だからといって諸大名が将軍の下知にすべて服していたわけではなかったが）。それゆえ、このような将軍を殺害したことで、三好氏は世間を敵に回すことになり、また歴史上に、非道な逆臣として永代ぬぐいさることのできない汚名を負うことになった。

大樹《たいじゅ》（義輝）……御生害《ごしょうがい》すと云々《うんぬん》。……阿州《あしゅう》の武家、御上洛《ごじょうらく》あるべきゆえと云々

右は、京都の公家が残した日記の一節であり、三好義継らによる義輝殺害について「阿州の武家（阿波の足利義栄《よしひで》）を新将軍として京都に迎えようとしたためだ」と伝えている(『言継卿記』永禄八年五月一九日条)。これにしたがえば、三好が義輝を殺害したのは、義輝を廃して足利義栄を新将軍に立てようとしたからだ、ということになる。しかし、将軍改替が目的ならば、明応の政変のように義輝を逮捕・幽閉するだけでも事足りたはずである。にもかかわらず、三好義継らが、世間を敵に回すデメリットのある「将軍殺し」にまでおよんでしまったのはなぜなのか。実は、その理由はいまだ定かではない。

そこで注目したいのが、先述した北白川城包囲事件である。この事件は、六角定頼が大軍をくり出し、義晴・将軍義輝父子をその居城・北白川城に包囲して、細川晴元との和睦を将軍父子にせまった、というものであった。さすればこれとおなじように、三好方も義輝殺害までは考えておらず、たんに将軍御所を包囲し、義輝に将軍退任を強要せんとしただけであったのかもしれない(ところが乱戦になり、そのなかで思いがけず義輝を殺害してしまった)。ちなみに、三好方は義輝殺害後、仏寺に土地などを寄進して義輝の菩提をとむらわせており、こうした点からも、三好が義輝殺害までは意図していなかったことをうかがわせる。ただしこの問題は、なお今後いっそうの検討を要する。

第五章　信長を封じこめよ

——一五代将軍義昭

1　足利義栄と競いあう

剣を取った義昭

一三代将軍・義輝が殺された。このとき、弟の足利義昭《よしあき》は奈良にいた。

戦国時代、武家の家では「長子が跡を継ぐ」といった家督相続のルールがいまだ明確に定まっていなかった。「家臣たちのあいだで、最も多くの支持をえたものが後継者となるべきだ」といった考え方もあり、それゆえ、つねに後継者争いが起きかねなかった。そこで、足利将軍家ではこうした争いを未然に防ぐため、将軍の子弟のうち、跡継ぎとなったもの（嫡男）以外の男子は、皆原則として僧となった（ちなみに、女子は尼になった）。

そのため義昭も、兄の義輝が嫡男となったことから幼くして僧侶となった。そして兄の殺害時、奈良の興福寺（同寺の一乗院《いちじょういん》）にいた（法名を覚慶《かくけい》と号した）。その義昭に危機が迫っていた。三好方は京都で義輝だけでなく、末弟の周暠《しゅうこう》も殺害した。したがって、次弟の義昭も殺される可能性があったからである。それゆえ、義昭は兄の遺臣たち（細川藤孝《ふじたか》〔幽斎《ゆうさい》〕ら）に守護されつつ奈良を脱出した（一五六五年七月二八日）。そして、まずは近江国和田《わた》（滋賀県甲賀市）に逃れ、次いで同国矢島《やじま》（同県守山市）に移座した。

その後、義昭は三好氏を討って将軍家を再興すべく、剣を取って立ちあがった。まずは矢島において還俗《げんぞく》し、「足利義秋《よしあき》」と称した（のちに義昭に改名）、次いで朝廷に願って「左馬頭《さまのかみ》」の官途も入手した。また、母方の伯父、大覚寺義俊《だいかくじぎしゅん》（京都・大覚寺の門跡）と連和し、味方を募って京都の北、丹波方面で反三好の兵を挙げさせた（ただし、この蜂起は失敗した）。さらに、各地の諸大名にたいして「上洛して兄の敵《かたき》、三好・松永を討ちたいので協力せよ」との号令を発した。

すると、この号令に応じたものがあった。尾張国《おわりのくに》（愛知県北西部）の大名・織田信長である。信長は、少し前に今川義元《いまがわよしもと》（駿河国《するがのくに》〔静岡県〕などの大名）を討ち（一五六〇年五月）、このころは尾張の北隣、美濃国《みののくに》に勢力を拡大せんとしていた。

義昭は、信長からの申し出を聞いてよろこび、彼と手を組むことにした。そもそも当時、将軍家は前将軍・義輝が三好らに殺害されてまさに滅亡の淵《ふち》にあった。このような逆風から抜けだして義昭が世に出るためには、強力な「推進力」が欠かせない。義昭はこの推進力としての役目を信長に求めた。この決断は、その後の展開を考えれば正しかったといえよう。義昭はさっそく信長のもとに近臣を派遣し、上洛作戦を練った。

足利義昭像　等持院蔵

おなじころ京都では、三好一門が阿波の足利義栄《よしひで》を新将軍に立てんとしていた。義栄とは、これまで本書でしばしば登場してきた、足利義維《よしつな》（一二代将軍・義晴の兄弟）の嫡男である（したがって、義昭にとっては従兄弟にあたる）。ところがこの直後、三好一門で内紛が起きた。三好三人衆と松永久秀という、三好氏重臣同士で抗争がはじまったのだ（一五六五年一一月）。それゆえ、足利義栄の上洛はなかなか実現しなかった。

いっぽう、近江矢島にあった義昭は、信長らと上洛戦の準備を進めていた。たとえば、矢島から京都への進軍ルート付近にいる諸豪族らを懐柔した。また、信長と美濃斎藤氏（斎藤龍興《たつおき》）とのあいだに義昭がはいり、両者の休戦を実現させた。当時、信長と斎藤氏は対立しあっており、それゆえ、このままでは信長が上洛することは困難な状況にあった。そこで義昭は、信長と斎藤氏との和睦に動いたわけである。

しかしその後、義昭にとって不都合な出来事が二つも生じた。ひとつは、三好三人衆が松永久秀に勝利し、畿内の覇権を握ったことである（一五六六年夏ごろ）。三人衆は足利義栄を将軍にしようとしていた。その三人衆が畿内で勝利したのだ。したがって、このままいくと足利義栄が新将軍となり、義昭は、将軍就任の夢を断たれるかのような情勢になった。

もうひとつは、三好三人衆と近江六角氏（六角義賢《よしかた》。定頼の子）が手を組んだことである。六角氏は、これまで義昭に好意的であった（だから義昭は、近江矢島に安座することができた）。しかし、ここで六角は三人衆と連携し、「反義昭」となったのだ。それゆえ、義昭にとって矢島は安住の地ではなくなってしまった。

近江から越前に退く

義昭がこの状況を打開するには、信長と協働し、一刻も早く上洛戦に打ってでるしかない。ところが信長は、いったんは実現した、斎藤氏との和睦を破棄する動きを見せていた。

そもそも信長にとって、隣国の美濃に斎藤氏が存在するかぎり、上洛戦を開始することは不可能であった。なぜならば、信長は義昭の仲介で斎藤氏と和睦していたが、こういった和睦は、十分な強制力をともなうものではなかったからである。したがって、もし信長が大兵を率いて京都に向かったりすれば、斎藤氏がたちまち和睦を破棄し、防備の手薄になった信長の領国・尾張に攻めこんでくることは明らかであった。それゆえ、信長は上洛前に斎藤氏を除去すべく、これと雌雄を決せんとした（「中島文書」）。

しかし、そのために信長の上洛戦は延期ということになった。そしてこのことは、義昭を苦境に追いこんだ。というのは、足利義栄を擁する三好三人衆と近江六角氏とが、手を組んでいたからである。その結果、すでにこの当時、三人衆の兵が義昭の居住する近江矢島の付近にまで出没するようになっていたのだ。

そこで、義昭はやむなくここで、矢島を脱出することに決した。時に一五六六年（永禄九年）八月二九日のことである。彼は北に奔《はし》り、若狭を経て、遠く北陸の越前国《えちぜんのくに》にいたった。当地の大名・朝倉氏（朝倉義景）を頼ったのである。信長のいる尾張には向かわなかった。それは「斎藤氏がいるかぎり、信長を頼っても上洛戦の遂行は困難だ」と判断したからだろう。

さて、おなじころ阿波にいた足利義栄は、自分を支持する三好三人衆が畿内を平定したのを見て、阿波から畿内の摂津国《せっつのくに》に上陸してきた（一五六六年九月）。その後、義栄は、父義維とともに三好の属城・越水城《こしみず》（兵庫県西宮市）にはいり、次いで摂津の富田《とんだ》（大阪府高槻市）

に本営をおいて将軍就任の準備をはじめた。その結果、義栄は朝廷から「左馬頭」の称号を授けられることに成功した。左馬頭は代々、将軍家の後継者が称していた官途である。いよいよ義栄の将軍就任が目前となったといえよう。

ところが、それはしばらく中断を余儀なくされた。というのは、義栄の支柱たる三好一門において、ふたたび内紛が起きたからである。三好三人衆と松永久秀との抗争は、いったんは三人衆の勝利で終息していたのだが、それがここに再燃したのだ（三好一門の若き当主・三好義継が、三人衆方から松永方に寝返ったのが原因であった）。これによって、三好一門はまたしても混乱し、畿内は戦乱の渦中に巻きこまれた。東大寺《とうだいじ》大仏殿が戦火によって焼失したのは、このときである（一五六七年一〇月）。

しかし、義栄は、最大の支援者たる三好一門がこのように内紛をくり返していたにもかかわらず、将軍就任を強行した。そもそも義栄は、前将軍（義輝）の譲りをうけておらず、三好らによっていわば「勝手に擁立された」人物である。それゆえ、その正統性について問題があった。そこで、義栄とその側近（畠山安枕斎守肱《あんちんさいしゅこう》）らは、征夷大将軍の称号を手に入れることでこの欠陥を取りつくろい、さらに、将軍となることで「義栄は、義昭とは別格である」ということを世間に主張していこうとしたのであろう。

こうして、義栄は朝廷（正親町天皇）から足利一四代の征夷大将軍に任じられた。時に一五六八年（永禄一一年）二月八日のことである。当時、義栄は三三歳であった。しかし、新政権の前途はたやすくなかった。義栄にとって恐るべきライバル、義昭・信長が京都に迫っていたからである。

京都の儀、本意《ほんい》に属《ぞく》するうえは、不日《ふじつ》、上洛《じょうらく》すべきの条《じょう》、この刻《きざ》み、別《べっ》して忠節、感悦《かんえつ》たるべし

義栄は畿内に進出すると、勢力拡大に努めた。右に掲出したのは、義栄が伊予国《いよのくに》（愛媛県）の大名、河野《こうの》氏に下した御内書《ごないしょ》（将軍がみずから花押《かおう》を書きいれて大名などに下す、格式の高い公文書）の一節であり、「京都を制圧したうえは、すぐに上洛するつもりであるから、そのとき、おまえが協力してくれれば喜ばしい」と書かれている（「二神家文書」）。義栄は同様の御内書を各地の大名に下し、味方を募った。

ところで、義栄の父・足利義維は、これまで述べてきたように生涯にわたって将軍の地位を手に入れんと挑戦してきた人物である。その戦いは実に四〇年近くにもおよび、ときには本拠地の四国から堺に上陸して京都をうかがい、世人から「堺公方」「四国室町殿」などと尊称された。しかし、けっきょく義維は、将軍に就任することはできなかった。

さすれば、その子息である義栄は、一四代将軍となったことで父の宿願を見事にはたした、といってよいだろう。だが、「孝行息子」たる義栄の将軍としての地位は、この

あと長くはつづかなかった。運命は、ときに残酷である。

2　信長と手を組む

念願の一五代将軍となる

おなじころ、義昭は越前にあった。ここで、当地の大名・朝倉氏の庇護をうけつつ、上洛・将軍就任の機会をうかがっていたのだ。しかし、その好機はなかなかめぐってこなかった。朝倉は義昭を厚遇したものの、いっこうに上洛する動きを見せなかったからである。

こうしたなか、義昭は、織田信長からふたたび「上洛戦に協力したい」との申し出をうけた。信長はこの少し前、積年の宿敵というべき美濃斎藤氏を倒していた（一五六七年夏ごろ）。つまり、信長はようやく後顧の憂いなく、上洛戦に打ってでることが可能になっていたのである。そこで彼は、あらたに本拠地とした美濃の岐阜（岐阜県岐阜市）に義昭を招いたのだ。これをうけて義昭は、朝倉氏のもとを去って岐阜へ移座し、信長と手を組んだ（一五六八年七月）。

この直後、義昭と信長は、上洛戦の軍旅を発した。時に一五六八年（永禄一一年）九月七日のことである。目標は、畿内を支配する三好三人衆を討つこと、そして、三人衆に擁立されている一四代将軍・義栄をしりぞけ、義昭が新将軍に就くことであった。義昭を奉じた信長軍は岐阜を出陣し、近江国になだれ込んだ。三人衆と気脈を通じる六角氏を討たんとしたのである。これにたいして六角勢は迎撃の陣をしいたが、信長軍にたちまち大破され、六角氏当主・義賢は伊賀方面に逃亡していった。

こうして信長軍は六角を打ちやぶると、勢いにのってさらに西進した。そして、三好三人衆の兵をもまた撃破し、ついに京都を占拠するにいたった。義昭も、信長軍の後方にあっていったん京都にはいり、次いで信長とともに畿内各地を転戦して三人衆を攻めた。戦いは義昭・信長方の優勢で進み、信長軍は、三人衆方の拠点（摂津の芥川《あくたがわ》城など）をつぎつぎに陥落させていった。これを見た三人衆は西へ撤兵し、彼らに擁立されていた将軍義栄は、ゆくえ知れずになった（公式には、義栄はこのころ病死したことになっている。『公卿補任』）。

この結果、信長軍は京都・畿内を掌握するにいたった。岐阜を出陣してわずか一ヵ月あまりでこの戦果である。まさに驚異的といえよう。

こうしたなか、義昭は信長とともにあらためて京都に入城し、次いで朝廷に奏して第一五代の征夷大将軍に任じられた。時に一五六八年一〇月一八日のことである。奈良を脱出してから三年あまり、艱難《かんなん》に耐え、ついに念願だった将軍の地位を手にしたわけであった。義昭は感慨ひとしおであったろう。

これはすべて信長のおかげである。そこで義昭は信長に報いるべく、彼を「御父」（育ての親）と尊称した（「蜷川家文書」。なお、足利将軍はこれまでも功臣やその夫人に「御父」「御母」「御親」といった尊称をしばしばあたえている）。また、信長に感謝の表明としてさまざまな爵位・栄典を授与せんとした。しかし、信長はこれらのほとんどを辞退したといわれる。

この直後、信長は京都に手勢を残していったん岐阜に戻った。理由は不明だが、これほど容易に京都を占拠できるとは信長自身も想定しておらず、それゆえ準備が不足し、一時帰国する必要が生じたのかもしれない。だが、信長が岐阜に帰ったことは失敗であった。この間隙を、三好三人衆につかれたからである。三人衆はいったん西に撤兵していたが、信長の帰国を知るやただちに京都に攻めこみ、当時義昭の仮御所となっていた京都六条の本国寺《ほんこくじ》を襲った（一五六九年正月五日）。しかし、義昭と近臣たちに抵抗され、三人衆はやむなく西にまた退いた（本国寺の変）。

信長は本国寺での変事を聞きつけると、すぐさま岐阜から京都に戻って畿内を鎮めた。そして、義昭と連名で「殿中御掟《でんちゅうおんおきて》」を制定・公表した（一五六九年正月一四日付。「仁和寺文書」）。これによって、本国寺の変直後で動揺する将軍直臣たちに「前々のごとく今後もきちんと出仕《しゅっし》せよ」といった行動指針をあたえるとともに、「裁判手続は従来と変更しない」ということ、発足間もない義昭・信長新政権の方針を直臣たちに伝えたのである。と同時にこの

「殿中御掟」を公表することで、新政権のこうした裁判方針を世間に示した。
さらに信長は、義昭のために堅牢《けんろう》な将軍御所の建設を開始した。そして、三ヵ月ほどでいちおうの完成を見ると、これを義昭に献じた（一五六九年四月一四日）。新御所の場所は、故義輝の将軍御所跡地である（京都の勘解由小路烏丸室町の間）。信長は、義昭を兄義輝とおなじ場所に住まわせたわけである。こうすることで「義昭が義輝の正統な後継者」であることを世間に示さんとしたのだろう（すでに何度かふれたごとく、このころは、前将軍の居館にはいることが新将軍の正統性を示す指標のひとつ、と考えられていた）。
ところで、信長はこの将軍御所建設の際、派手な演出を打ちだして世間を驚かせた。たとえば、大勢の人夫を動員し、これによって、畿内近国の十数ヵ国がすでに信長の支配下にはいっているかのような印象を世間にあたえた。また、「藤戸石《ふじといし》」と呼ばれる巨石を三〇〇〇～四〇〇〇人もの人夫を使い、笛や鼓で賑《にぎ》やかに囃《はや》し立てながら御所内に搬入したりした。それゆえ、信長に威勢ありとの噂がたちまち四方に轟《とどろ》いて世間の耳目を聳動《しょうどう》し、それは遠く越後の上杉氏にまでいたった。

織弾忠（信長）走り参《まい》られ、五畿内《ごきない》の儀申すにおよばず、四国・中国まで残るところ無く御存分《ごぞんぶん》に属《ぞく》し……

右は、飛驒国《ひだのくに》（岐阜県北部）の有力者・三木《みつき》氏が、越後上杉氏に送った京都情勢に関する書信の一節である。そこには「信長は、本国寺の変を聞きつけてすぐに京都に馳せ参じた。その結果、今や畿内はいうまでもなく四国・中国にいたるまで、残すところなく義昭・信長の支配下にはいった。各地の諸大名も、ぞくぞくと上洛している」といったことが記されている。もとより、当時の信長は畿内をようやく掌握したばかりで、いまだ四国・中国までその勢威はおよんでいなかった。だが、このような「信長、強し」という風聞が広がっていたのである（大日本古文書「上杉家文書」五四一号）。

信長は、尾張を本拠としていたことから京都・畿内には何ら権力基盤がなく、そのため畿内の諸豪族をひとりでも多く手懐《てなず》けなければならなかった。そこで、彼は将軍御所建設の機会を使った。すなわち、御所建設の際、派手な演出をしてみずからの勢いを大々的に宣伝し、それによって「信長に威勢あり」との風聞を広めたのである。こうすることで、畿内の諸豪族が信長を「勝ち馬」と見て進んで順服してくるよう、はかったわけであった。

このように、信長は「見せる」ことに注力した。これまで畿内では、細川、三好、六角、大内、畠山といった大名たちが君臨してきたが、信長のように「見せる」ことに注力したものは見あたらない。これは信長の特徴といってもよいのかもしれない。

義昭・信長にとって最も試練に満ちた年であったのは、一五七〇年（元亀元年）である。この年の四月、信長は、北陸の若狭・越前両国に侵攻した。

当時、義昭・信長にとって最大の政敵は、四国を拠点とする三好三人衆であった。にもかかわらず、信長は四国ではなく、北陸に進撃した。これは、彼にとって近江国の重要性が高まっていたからであろう。信長は京都に進出したことで、本拠地の岐阜と京都とを頻繁に往復することになった。そうなると、途中の通路にあたる近江を十分に確保せねばならない。そしてそれには、近江の北隣、若狭・越前に威を示しておかなくてはならなかった。

こうして信長は、三万の大軍を発して長途遠征にのぼり、まずは京都から若狭に進んで同地を平定した。次いで馬首を東に転じて越前に侵入し、同国主・朝倉氏の兵と激突して戦いを優勢に進めた。ところが、信長はここで思いがけない事態に遭遇することになる。義弟の浅井長政《あざいながまさ》（北近江の大名。信長の妹の夫）に裏切られてしまったのだ。それゆえ、信長はたちまち死地におちいり、やむなく越前から京都に撤兵した。

すると、これを見た近江六角氏（六角義賢。かつて信長に敗北して没落していた）が息を吹きかえし、朝倉や浅井と手を組んで信長に挑戦してきた。この状況に、信長ははなはだ苦慮した。そこで、六角氏に和議を開くことを乞うたが、六角に拒絶されてこれをはたすことができない。それゆえ、信長は義昭を京都に残したまま、岐阜に逃げかえった（一五七〇年五月)。なおこのとき、信長は岐阜への帰国途上、刺客に鉄砲で狙撃《そげき》され、あやうく落命しかけている。

しかし、信長はその後、すぐさま反撃に転じた。まずは六角勢を痛打してこれを敗走させた(一五七〇年六月四日)。次いで、同盟する徳川家康(三河国の大名)とともに、朝倉・浅井軍と姉川《あねがわ》河畔(滋賀県長浜市)に会戦して勝利をえた(同六月二八日。姉川の戦い)。このとき信長は、野も田畠も敵の死骸ばかりだ、と述べて戦果を内外に宣伝している(「津田文書」)。だが、実際は信長方も大きな損害をうけていたようである。そのため、信長はいったんは京都に戻ったものの、わずか数日在京しただけで、ふたたび義昭を京都に残したまま岐阜に退いた(一五七〇年七月七日)。

この結果、京都・畿内一帯には、権力の空白が生じることになった。すると、三好三人衆がこの間隙をつき、摂津方面でしきりに暴れた。だが、京都に残った義昭が手勢を動員してこれを迎撃したことから、けっきょく、三人衆は京都を抜くことができなかった。

こうしたなか、信長がようやく岐阜から大軍を率い、上洛してきた(一五七〇年八月二三日)。すると、畿内の諸豪族は、京都に戻ってきた信長を「勝ち馬」と見なし、陸続と信長陣営に参入した。それゆえ、信長配下の軍勢は、四万とも六万ともいわれる大軍団にふくれ上がった。信長はこの大兵を直率して京都を出陣し、三好三人衆を討ってこれを大坂(大阪市）方面に追いつめた。

いっぽう、義昭も、また手勢を率いて出陣し、信長とともに三人衆を包囲した。この結果、三人衆の籠城する福島《ふくしま》・野田《のだ》の砦《とりで》（大阪市福島区）は、陥落寸前となった。

ところが、ここで変事が生じた。とつじょ大坂本願寺（住持は顕如）が三好三人衆に味方し、義昭・信長に挑戦してきたのである（一五七〇年九月）。義昭・信長はこれに驚き、朝廷を使って本願寺門徒衆を撤兵させせんとしたが、うまくいかない。しかも、大坂だけでなく、近江でも火の手があがった。すなわち、朝倉・浅井・六角・延暦寺などが、本願寺・三人衆らと通謀して近江でいっせいに蜂起したのだ。彼らは、近江防御の任にあたっていた信長宿将（森可成《もりよしなり》ら）を攻め殺し、凱歌をあげた。

それゆえ、義昭と信長は、大坂を退いて京都に戻り、東方（近江）情勢に対処せんとした。だが、そこを西方（大坂）から本願寺門徒衆や三好三人衆に攻めこまれた。この結果、義昭と信長は守勢一方となり、まさに四隣敵をうけて生地なし、という有様となった。

随分《ずいぶん》扱《あつか》いを成《な》し、彼方《かなた》に応《おう》じ候《そうろう》といえども、その詮《せん》なく、破却《はきゃく》すべき由《よし》、たしかに告《つ》げ来《き》たり候

右は、本願寺が門徒衆に下した、反信長の蜂起をうながす書信の一節であり、「信長は上洛して以降、本願寺に無理難題を申しかけてきた。そこで、本願寺はこれに辛抱づよく応じてきたが、ついに信長は本願寺の破却までを通告してきた」とある（「明照寺文書」）。当時の信長が本当に本願寺に破却まで通告したのか疑わしいが、本願寺は信長の横暴を訴え、門徒衆に蜂起を求めた。

ところで、本願寺は、山科焼き討ち事件（一五三二年）以降、大名同士の抗争に介入することを極力避け、特定の大名に肩入れしない、いわば等距離外交を進めてきた。にもかかわらず、ここで反信長派に加わった。これは、信長の勢威が畿内で強大化してきたからであろう。

信長は、六角をしりぞけ、朝倉・浅井に姉川で勝利し、いまや三好三人衆までも討滅せんとしていた。このままいけば、信長の勢威は際限なく拡大し、短時日のうちに信長が畿内を制覇することは明らかであった。しかし、それは本願寺にとって好ましい状況ではなかった。なぜならば、信長が畿内の覇権を握ってしまうと、そのあとでは本願寺は信長に対抗できず、もはや信長から何を求められてもこれに応じざるをえなくなってしまうからである。そこで本願寺は、いまだ三好三人衆ら反信長派が勢力を保っているうちに彼らと手を組み、信長を封じてこれ以上の勢威拡大を抑制せんとしたのだと考えられる。

こうしたなか、信長は、反信長派の大名たちが必ずしも相互に団結していない隙をつき、彼らと個別に交渉して和睦に誘った。

この策略は奏功し、まずは六角氏を、次いで三好三人衆を和睦に応じさせることに成功した（一五七〇年一一月）。そこで信長は、次に朝倉氏とも和睦しようとした。これにたいして朝倉氏も、信長との和睦に前向きな姿勢を示した。というのは、厳冬の季節を迎えつつあったからである。このままでは、近江に進出していた朝倉軍は、積雪によって越前への帰国が困難になる可能性があった。

しかし、信長と朝倉との和睦がすぐに成立したわけではなかった。両者は現に交戦中であり、それゆえ和睦の「きっかけ」がなかったからである。そこで、義昭がここで動いた。義昭はかつて朝倉氏のもとに亡命していたから、朝倉とは旧知の間柄であった。それゆえ、信長の要請をうけてみずから京都から近江の三井寺《みいでら》（滋賀県大津市）まで下り、信長・朝倉双方を取りもったのだ。この結果、信長と朝倉氏は和睦するにいたった。一五七〇年（元亀元年）一二月のことである。

これを見た本願寺や浅井氏、延暦寺も、その後あいついで信長と和睦した。彼らは和睦に反対であった。しかし、朝倉抜きでは信長に対抗することができなかったからである。こうして、信長と反信長派とのあいだで和睦が成立した。

この結果、反信長派は、信長を倒す千載一遇の好機を逸した。彼ら反信長派は、信長の勢威拡大に対抗すべく、信長という「共通の敵」を前にして団結し、その封じこめをこころみた。いわゆる信長包囲網、「バランシング」（合従《がっしょう》）策をとったわけである。しかし、反信長派の団結は、信長を追いつめるにしたがってゆるんでいった。そこを信長につかれ、個別に交渉を持ちかけられることで和睦に引きずりこまれてしまった。

いっぽう、信長はこの和睦によって、生涯最大の危機を脱することに成功した。この成功の一因は、義昭の働きにあった。義昭は信長不在中の京都を守り、また、敵対者と和睦する契機を信長に提供してやることで彼を助けたからである。信長にとって、義昭は利用価値の高い存在であったのだ。それゆえ信長は、義昭を守護し、義昭が十分に持ちあわせていない軍事・警察力を提供して彼を支えた。

このように、義昭と信長は、相互に補完しあう関係にあった。したがって、二人のうちどちらかが他方より圧倒的に優位に立つ、ということはなかった。よく「義昭は信長の傀儡になっていた」といわれるが、それは事実ではない。もっとも、二人のあいだに亀裂が走ったこともあった。たとえば、信長が義昭にたいし、五ヵ条におよぶ要求を突きつけたことがあった（一五七〇年正月二三日付。石川武美記念図書館成簣堂文庫蔵）。このとき信長は「義昭がこれまで下した裁判の判決文は、すべていったんこれを破棄し、あらためて考えなおして発給されたし」といったことを求めた。

だが、二人の関係が破綻することはなかった。双方とも、たがいに相手を必要としていた。だから、多少の軋轢《あつれき》があっても「離婚」するわけにはいかなかったのである。

信長と袂をわかつ

しかし、二人の関係がついに破綻するときが来た。その契機は、甲斐国《かいのくに》（山梨県）などを領する有力大名・武田信玄《たけだしんげん》が大軍を率いて西進してきたことにあった。武田軍は、信長の同盟者・徳川家康の軍と、三方原《みかたがはら》（静岡県浜松市）で会戦してこれを打ちやぶった（三方原の戦い。一五七二年一二月二二日）。次いで武田は勢いにのって、信長の本国、美濃・尾張へ侵攻する動きを見せていった。それゆえ、信長は本国防衛のために、畿内の精鋭を東へ移す必要に迫られた。しかしこのことは、義昭を苦境におとしいれかねなかった。

というのは、信長はこのころ朝倉や浅井、本願寺らとふたたび戦いはじめていたからである。朝倉らは西進中の武田信玄と結び、再度信長封じこめ、すなわちバランシング策に打って出ていた。したがって、信長がもし京都周辺から精鋭を東に移せば、朝倉ら反信長派がその間隙をつき、京都に攻めこんでくるのは必至であった。そうなれば、義昭のいる京都はたちまち反信長派の手に落ちることになる。当然、義昭は危機に瀕しよう。

そこで、義昭はここで決断した。信長と手を切り、反信長派に鞍替えすることにしたのだ。時に一五七三年（天正元年）二月一三日のことであった。

信長は、義昭の離反を知るや彼のもとに急使を発し、言い分があればすべてこれを受けいれるので離反を翻意されたし、と願った。当時信長は、反信長派に包囲されて死地におちいりつつあった。そのうえ「義昭にまで離反された」となれば、配下の同盟諸将が「信長危うし」と見て動揺し、信長を見限っていっせいに造反しかねなかったからである。

もっとも、信長はこのとき別の動きも見せていた。義昭の「悪辣ぶり」を世間に宣伝しはじめたのだ。

たとえば、義昭の品行が修まらざることを糾弾した「一七ヵ条の異見書《いけんしょ》」を公表した（『尋憲記』）。また、親しい武将たちに「自分は臣下として、公方様（義昭）にいろいろと道理を説いてきたが、無視されつづけた」といったことをしきりに主張した。これまで信長は、義昭を擁してその忠臣として振舞い、義昭を自己の行動の正当化根拠などとして利用してきた。ところが、その義昭にここで離反されてしまい、このままでは「信長は実は逆臣だった」との印象を世間にあたえかねなくなった。そこで、「信長が悪いのではない。義昭のほうが悪主だったのだ」ということを宣伝していったわけである。

いっぽう義昭は、信長から示された和解の申し出を一蹴し、反信長派に身を投じて彼らに自己の命運を託した（反信長派とは、武田信玄・越前朝倉・近江浅井・近江六角・本願寺らである）。しかし、反信長派の諸将は、信長を前にして十分に団結しあうことができなかった。しかもこの直後、同派の重鎮・武田信玄が陣中で病に倒れ、西進できなくなってしまった（信玄はこの直後、一五七三年四月に陣没した）。

それゆえ、信長は武田の脅威から解放されることになり、馬首を西に転じて京都の義昭を攻めた。義昭はこれに閉口し、信長に屈して和を結んだ。ところが、義昭はこの直後、ふたたび挙兵して信長にいどんだ。京都郊外の真木島《まきしま》城（京都府宇治市）に籠城したのだ。

おそらく義昭は次のように計算したのだろう。義昭は信長といったんは和解した。しかし、ときに残忍に失する傾きもある信長が、このあと豹変《ひょうへん》して義昭に凶刃を向けてくるかもしれない。そうなれば義昭には、なす術《すべ》がない。ならば、いまだ健在な朝倉ら反信長派と手を組み、信長に挑戦したほうがまだ生き残る確率は高い――そうした計算である。

ところが、朝倉らは義昭から支援を求められても、本国の防衛を優先して動かなかった。それゆえ義昭は、信長の大軍にたちまち包囲された。けっきょく、義昭は二歳になる男子（のちの興福寺大乗院門跡・義尋《ぎじん》）を信長に差しだして降を乞い、これが認められるや京都を退去した。一五七三年（天正元年）七月一九日のことである。

その後、義昭のもとに、信長から和解・帰京を願う申し出があった（信長は、義昭をこのまま野に放つのは危険であり、また「義昭にはなお利用価値あり」と判断したのだろう）。しかし、この和解は不成立に終わった。義昭が信長側に「帰京してやるかわりに、義昭の安全を保障する人質を出すように」と求めたからである。これは義昭としては当然の要求であったが、和解交渉を決裂させてしまった。

ゆくえ知らずに、見《み》え申さずの由《よし》、信長へは申すべく候の条《じょう》、早々何方《いずかた》へも御忍《おしの》び、しかるべし

信長は、部将の羽柴秀吉を義昭のもとに送り、義昭との和解交渉を進めた。しかし秀吉は、義昭から和解の条件として人質の要求が出されるとこれに怒り、「信長様には『公方様はゆくえ不明です』と申しておくので、早々にどちらへも勝手にお行きなさい」と義昭に罵声を浴びせ、交渉の席を立ってしまった。右に掲出した史料は、そのことを伝える毛利氏の使僧・安国寺《あんこくじ》恵瓊《えけい》の書簡である（大日本古文書「吉川家文書」六一〇号）。

なお、秀吉はこのように義昭との和解交渉を決裂させてしまったが、のちのことを考えれば、これは失策であった。というのは、交渉決裂によって義昭は野に放たれることになり、そしてその二年半後、毛利氏のもとに駆けこみ、毛利・上杉・武田・本願寺らによる信長包囲網を結成して信長を苦しめることになったからである。当時の秀吉は、義昭がいかに厄介な存在であるか、ということを十分に理解していなかった。

3　まだまだ終わらず

毛利氏のもとに駆けこむ

このあと、義昭は没落の一途をたどった。彼は信長との和解交渉決裂後、紀伊国《きいのくに》に移座したが、このとき義昭の左右には、二〇人ほどの家臣しかいなかったという。その後、義昭は紀州の由良《ゆら》（和歌山県由良町）にいたり、同地の名刹・興国寺《こうこくじ》を拠点に各地の大名に反信長の挙兵を呼びかけた。だが、これに応じた大名は皆無であった。

いっぽう信長は、天下人への階段を着実に駆けのぼっていった。

彼は、義昭を京都から追放すると大兵を親率して北に長駆し、これまで義昭に味方していた朝倉氏をたちまち滅ぼし、余勢をかって北近江の浅井氏をも討滅した（一五七三年八月）。その後、信長の勢威はつぎつぎと拡大し、とりわけ一五七五年（天正三年）にはそれが顕著であった。すなわち、この年の五月には「長篠《ながしの》の戦い」で武田勝頼《かつより》（信玄の子）の軍を痛打した。次いで八月には、越前の本願寺門徒衆（越前一向一揆。信長から越前国を奪いとっていた）を殲滅《せんめつ》した。そして一〇月には、信長に抵抗をつづけていた大坂本願寺を攻め、これを事実上の降伏に追いこんだ。

また一一月には、朝廷に求め、権大納言《ごんのだいなごん》・右近衛大将《うこのえのたいしょう》という、これまで足利将軍やその嗣子しか入手することのできなかった高ランクの官途をえた。こういったものを入手しても、それで何か新たな権限をえられたわけではなかったが、信長は高い官途を手にしたことで、並みいる大名とは「別格」であることを世間に主張する根拠を手にした。

さて、信長は「天下《てんか》のために」と称することで自己の正当性を世間に示しつつ、こうして版図を拡大していった。その結果、彼は本拠地たる東海地方に加え、日本列島の産業・文化の先進地帯である畿内近国全域をほぼ制圧してこれをその手におさめた。さらには、北陸や中国地方にまで勢力をのばさんとするなど、信長は戦国史上、未曽有の大大名に成長しつつあった。このような信長にたいし、紀州の義昭はなす術がなかった。したがって、この二人の争いはまさに勝負あり、となるかにみえた。

ところが、ここで事態は急変する。義昭がとつぜん、西国大名中最大の勢威をもつ有力大名・毛利氏（毛利輝元《てるもと》）のもとに駆けこんだのだ。時に一五七六年（天正四年）二月のことである。義昭は、密《ひそ》かに紀州を出て西に進み、毛利氏の勢力圏内である備後国《びんごのくに》の鞆《とも》（鞆浦《とものうら》。広島県福山市）にいたるや、毛利氏に「信長を討て」と下知した。

これにたいし、毛利氏は義昭の求めに応じることに決した。当時、毛利氏は信長と同盟関係にあったのだが、義昭を受けいれ、信長と戦うことにしたのだ。その理由は二つある。ひとつは、ここで毛利氏が義昭を見捨てれば、毛利氏は同盟諸将から「頼ってきた将軍すら保護しえない、頼もしからざる者だ」と見なされ、その信望を失いかねなかったからである。毛利氏が頼りになる大将であってこそ、諸将は毛利氏と行動を共にするのである。

もうひとつの理由は、毛利氏にとって、信長がしだいに脅威になりつつあったからである。信長の勢力圏は今や毛利領のある西へ西へと際限なく拡大し、その西進の勢いに毛利氏は押されつつあった。このままでは、いずれ毛利氏は信長に圧倒されかねない。

しかしそうなったあとで、もし信長から無理難題（たとえば、国替えや領土の割譲、改易《かいえき》など）の受諾を迫られても、毛利氏としてはもはや抵抗のしようがない。ならば、まだ勝機のある今のうちに将軍たる義昭を奉じて同志を募り、信長を封じこめたほうがよい。毛利氏はこのように判断したのである。

宇喜多《うきた》を信長へ引《ひ》き成《な》され、五畿内《ごきない》の儀は申すあたわず、一味《いちみ》中《ちゅう》相調《あいととの》えられ、手強《てごわ》くなり候《そうろう》て、此方《こなた》へ仕懸《しか》けるべきの時の事

右は、当時の毛利氏の認識を伝える史料の一部であり、「もし毛利が信長をここで封じこめなければ、信長は、その勢威を際限なく拡大させて五畿内を完全に支配下におき、さらに宇喜多氏（毛利部将）らをも味方に引きこもうと調略してくるだろう。そうなれば、毛利は弱体化し、信長との差は開くばかりになる。そうなったあとで、もし信長が毛利に攻めこんできたら、どうしたらよいのか。信長は強大化し、手ごわくなっている。そのような信長に攻められたら、毛利としては対抗しようがない」といった意味である（大日本古文書「毛利家文書」三三六号）。毛利氏はこうした認識から、ここで信長との同盟を破棄し、義昭の求めに応じて「信長封じこめ」に踏みきったのであった。

なぜ包囲網は失敗したのか

その後、越後（新潟県）の上杉謙信も義昭からの求めに応じ、信長打倒に立ちあがった。謙信はこれまで信長と同盟関係にあったのだが、ここで反信長に転じたわけである。このころ、信長勢力圏は上杉の本拠・北陸にも、とどまるところなく拡大し、謙信に一大脅威をあたえつつあった。それゆえ、謙信も毛利氏と同様に「信長をここで封じこめないと危険だ」と判断したのであろう。

こうして毛利、上杉が立った。すると、これに呼応して甲斐の武田勝頼、大坂本願寺らもまた立ちあがった。信長を封じるべく、信長包囲網、すなわちバランシング策をとったわけである。彼らはたがいに手を組み、その結果、日本列島において巨大な反信長同盟が出現することになった。時に一五七六年（天正四年）春のことである。

義昭はこれら反信長派の大名たちに推戴され、その旗頭となった。

彼は、信長に追われて京都から紀州に移座したとき、わずか二〇人にまでその侍臣を減らしていた。ところが、それがたった二年半で、あれよあれよという間に復活を遂げた。そして、今や毛利や上杉といった、当時日本を代表する有力大名たちの旗頭になったわけである。いったい、この「しぶとさ」はどこから来るのだろうか。義昭とは、否、足利将軍とは何なのであろうか（この謎の解明が、現在の戦国期将軍研究における目標のひとつである。この謎を「将軍には権力はなかったが、権威はあったからだ」といった類の説明ですませてしまうのではなく、いわば「メカニズム」のレベルまで掘りさげて解きあかしていく必要がある）。

さて、こうして反信長派は義昭を旗頭にいただき、「公儀《こうぎ》（将軍たる義昭）のため」と称することでみずからの正当性を世間に誇示しつつ、「天下のため」と号する信長にいどんだ。そして、緒戦では勝利を重ねて信長を大いに苦しめた。たとえば、毛利配下の水軍が、信長水軍を木津《きづ》川《がわ》河口で大破し、大坂本願寺に兵粮を搬入することに成功した（本願寺は信長軍の兵粮攻めに苦しんでいた。一五七六年七月）。これによって、本願寺を攻略せんとした信長の企図は打ちくだかれた。

しかし、反信長派の大名たちは、けっきょく、信長を封じこめることはできなかった。その理由のひとつは、彼らのあいだの「距離」にあった。信長を封じるには、反信長派のもの同士で連絡を密にとり、協働して信長に立ちむかわなくてはならない。しかし、彼らはたがいにその本拠地が離れすぎていた。それゆえ、連絡を敏速かつ綿密に取りあうことが困難であったのだ（たとえば、毛利と武田は、書状をやり取りするだけで実に数ヵ月を要することもあった）。これでは、包囲網を効果的に運用することはできない。

また、反信長派の面々が十分に団結することのできなかったことも、敗因のひとつであった。たとえば、毛利氏と大坂本願寺は連携して信長に立ちむかわんとした。しかし、その配下将兵たちは、しばしば喧嘩《けんか》口論におよび、まとまりきれなかった。

これまで本書でくり返し指摘してきたように、「共通の敵」の存在は団結を促進するものである。しかし、共通の敵が強力な場合、分離がうながされてしまうことがあった。

なぜならば、つよい敵を倒すには、皆がよりいっそう密接に団結し、協力しあわなければならないが、それにともなってたがいの利害・方針の違いが鮮明になってしまい、これが溝を生じさせるからである（ゲオルク・ジンメル『社会学』）。反信長派の面々も、信長という「共通の敵」があまりにも強力であったがゆえに、相互に緊密に協力しあう必要に迫られた。そしてそれにともない、同盟諸侯のあいだにむしろ分離が生じてしまった。

こうした状況に、義昭はなす術がなかった。彼は、反信長派大名たちの旗頭であり、将軍として大名たちに命令を下すことは可能であった。しかし、この命令を十分に強制させることまではできなかった。強制に必要な武力がなかったからである。

この結果、反信長派は、上杉謙信の急死（一五七八年三月）もあってその力を十分に発揮することができず、信長によって各個に撃破されていった。すなわち、まずは大坂本願寺が信長に屈し、大坂を退去して紀州に没落した（一五八〇年四月）。次いで、甲斐の武田氏が信長に滅ぼされた（一五八二年三月）。そして残る上杉も毛利も、信長の大軍に包囲されて敗色濃厚という有様になった。もとより義昭も、毛利氏のもとにあって危機に瀕した。

ところが、ここで思いもよらない事態が起きる……。本能寺《ほんのうじ》の変である。信長は、重臣・明智光秀《あけちみつひで》に裏切られてあっけなく滅んだ。時に一五八二年（天正一〇年）六月二日早朝のことであった（享年四九）。なお、義昭は信長の死について、みずからが「信長討ち果たした」と述べた（「本法寺文書」）。しかし、義昭が本能寺の変になにか関与していたのか否か、現在までのところなお明らかでない。

将軍家の再興ならず

義昭は、信長の滅亡によって窮地を脱した。

すると、そのような義昭に近づいてきたものがあった。柴田勝家《しばたかついえ》（信長の重臣）である。柴田はこのころ、信長の遺産をめぐって羽柴秀吉と争っていた。それゆえ、上杉や毛利といった、旧反信長派の大名たちと手を組まんと欲した。そこで柴田は、毛利らとの仲介を周旋してもらおうと、彼らと人脈のある義昭に近づいたのだ。義昭はこれに応じた。柴田に協力することで彼に恩を売り、その力を使って帰京をはかろうとしたわけである。だがその後、柴田は秀吉に討滅されてしまった（一五八三年四月）。この結果、義昭の目論見は外れた。

ところが、今度は羽柴秀吉が義昭に接近してきた。秀吉は、柴田を討滅したあと織田信雄《のぶかつ》（信長の子）や徳川家康と争った（その後秀吉は、一五八四年四月に小牧《こまき》・長久手《ながくて》の戦いで家康らとついに激突した）。そうした秀吉には、毛利氏ら旧反信長派大名たちと近しい義昭が「利用価値あり」と映ったのだろう。

秀吉は義昭に接触し、その帰京を約束することで協力を求めた。義昭はこれに応じ、京都帰還の期待を抱いた。彼の近臣はこのころ、「義昭様は今年の春には、秀吉殿の尽力によって帰京することができそうだ」と語っている（『上井覚兼日記』）。しかし、秀吉はその後、信雄や家康を降すと（一五八四年末）、義昭への関心を失ってしまった。そのため、義昭の帰京が実現することはなかった。

こうして、義昭は本能寺の変後も京都に戻れず、毛利氏の保護を受けつつ、鞆に滞在しつづけることを余儀なくされた。義昭は、このままこの辺地で枯死するかに見えた。

だが、ここで義昭に好機がめぐってくる。秀吉がふたたび義昭に注目したのだ。天下人の地位をかためつつあった秀吉は、薩摩《さつま》島津氏（島津義久《よしひさ》）を臣従せしめんとした。

そこで、かねてより島津と親しかった義昭に「秀吉への降伏を島津に勧めよ」と依頼してきたのである。これを承知した義昭は、島津氏を説得した。するとその後、島津は秀吉に降った（一五八七年五月）。この島津の降伏に、義昭の説得がどの程度影響をおよぼしたのか定かではない。ただ、秀吉は「義昭に功あり」と判断したのだろう、彼が帰京することを認めた。

この結果、義昭は一五年ぶりに京都に戻ることになった。時に一五八七年（天正一五年）末のことである。次いで義昭は大坂に参上し、秀吉から一万石の所領をあたえられ、その臣下となった。

その後、義昭は、秀吉の奏請によって朝廷から准三宮《じゅさんぐう》（皇后などに準じる身位）の栄位を賜り、秀吉配下の諸大名中、最高ランクの格式をえた。だが、義昭がこのあと政治の表舞台で活躍することはなかった。彼は剃髪して「昌山《しょうざん》」と号し、静かに余生を送った。ちなみに、こうした義昭の生き方は、最後の徳川将軍・慶喜《よしのぶ》のそれと重なるところがある。慶喜も、また将軍退任後は政治から離れ、明治・大正を静かに生きたからである。義昭も慶喜も、将軍在任中は「幕末」の動乱のなかで権力闘争に明けくれた。しかし、二人ともその本性は、争いを好まない、温和な人物だったのかもしれない。

こうしたなか、義昭は腫物を患って死の床に伏した。彼には一子・義尋《ぎじん》がいたが、この人物は僧籍にあった（奈良・興福寺大乗院の僧侶となっていた）。それゆえ、義昭が足利旧将軍家を存続させるためには、この義尋を還俗させるか、誰かを養嗣子にしなければならなかった。だが、義昭がそのような手続をとった形跡はない。それゆえ、義昭が大坂で六一年におよぶ波乱の生涯を終えると、旧将軍家は後継者なきゆえに断絶した。時に一五九七年（慶長二年）八月二八日のことである。

ちなみにこの一年後、豊臣秀吉もまたこの世を去った。そして、それから二年後には関ヶ原《せきがはら》の戦いが起き、時代は、徳川の世へと大きく移り変わっていくのであった。

近年、将軍の号《ごう》、蔑ろ《ないがし》なり。有名無実《ゆうめいむじつ》、いよいよもって相果《あいは》ておわんぬ

右は、醍醐寺（京都）の僧侶で、義昭の猶子《ゆうし》（名目上の養子）でもあった義演《ぎえん》が、義昭の訃音に接したときに述懐した言葉である。「今や将軍の称号は価値が低下し、有名無実になることとあいきわまった」という意味であり、ここからは、義昭の死がいかに寂しいものであったかをうかがい知ることができる（『義演准后日記』慶長二年八月二八日条）。

なお、義昭没後、その一子・義尋は還俗し、二人の男子を儲《もう》けたという。しかし、この二人はいずれも僧侶になってしまった。そのため、残念ながら旧将軍家の復活はならなかった。ただし、一四代将軍・義栄の弟である足利義助（この名は「よします」と読むようである。『和長卿記』明応七年八月二九日条参照）は生きのこり、その子孫は阿波国平島《ひらじま》（徳島県阿南市）に土着して地元の名士として栄えた（平島足利家）。また、初代将軍・尊氏の子である基氏《もとうじ》を祖とする足利氏（鎌倉公方・古河《こが》公方）も存続し、江戸時代には、喜連川《きつれがわ》（栃木県さくら市）を本拠とする小大名として生きた（喜連川足利家）。両家とも今日まで存続し、その名跡を受け継いでいるという。

終　章　なぜすぐに滅びなかったのか

1　将軍の利用価値とは何か

いくつかの危機

戦国時代に活躍した七人の将軍たちは、いずれも苦難の道を歩んだ。その根因は、何といっても将軍家に軍事力が乏しかったことにある。その直属兵力は、わずかに二〇〇〇～三〇〇〇人程度という、小大名のレベルでしかなかった。これは、戦国期に将軍が弱体化した結果としてそうなったのではなく、盛時よりもともと乏しかったのである。それゆえ、将軍が戦国期を生き残るためには、武力をもつどこかの有力大名と連携していくことが不可欠であった。しかし、大名との連携は、将軍にとってなかなか難儀な仕事であった。

まず、どの大名と手を組むべきか、その選択がむずかしかった。戦国時代は動乱の時代であり、それだけに大名たちの栄枯盛衰が激しい。それゆえ、いまは繁栄している大名も、いつ没落するかもしれなかった。そうしたなかで、将軍が「頼りになる」大名を見つけるのは簡単なことではなく、将軍はしばしば選択ミスをおかして危機に直面した（**①選択ミスによる危機**）。たとえば一三代将軍・義輝は、細川晴元と三好長慶のいずれと手を組むべきかに迷い、けっきょく、選択を誤って京都を追われた。

また、将軍が運よく頼りになる大名を見つけ、これと手を組むことができたとしても、それで将軍が安泰をえられたわけではなかった。なぜならば、連携相手とした大名と将軍とのあいだで、力の均衡が保たれているうちはよいのだが、これが崩れだすと大名側の不安を誘発し、将軍が思いがけない苦境に遭遇しかねなかったからである（**②不安による危機**）。将軍義輝の殺害事件は、こうした危機の一例である。この直前、義輝は将軍としての地位を確固たるものにしつつあったが、それは三好側を不安にさせた。この不安が、三好による義輝襲撃の背景にあった可能性は高い。

くわえて、将軍が特定の大名に依存しすぎると、さまざまな問題が生じることになった。たとえば「将軍がその大名の意思を無視できなくなる」といった危機（**③拘束の危機**）や、「依存する大名が没落すると、将軍もまたこれに連動して没落せざるをえない」という危機である（**④連鎖没落の危機**）。また、「依存する大名が抱える紛争に、将軍が巻きこまれてしまう」といった危機に直面することもあった（**⑤巻きこまれの危機**）。

このように、将軍が特定の大名に依存しすぎると、いくつかの危機に直面した。では、将軍が連携相手とした大名と距離をとり、その大名への依存度を下げればよいのだろうか。しかし、そのようなことをすれば今度は、連携相手とした大名から将軍が見捨てられかねない、という危機に悩まされることになった（**⑥見捨てられの危機**）。しからば、将軍がひとりの大名に過度に依存するのではなく、連携相手の大名を複数にしたらどうだろうか。だが、将軍がそのような「浮気」をすれば、今度は最も頼むべき「本命」大名との関係がこじれてしまう、という危機が生じることになった（**⑦「浮気」の報いの危機**）。

以上のように、将軍は大名と連携するに際し、少なくとも七つの危機――①選択ミス、②不安、③拘束、④連鎖没落、⑤巻きこまれ、⑥見捨てられ、⑦「浮気」の報い、という危機に直面しかねなかった。そして、戦国期の将軍七人はその全員が、これらの危機のいずれかに遭遇して苦悶《くもん》した。とはいえ、それでも将軍家はすぐには滅亡せず、応仁の乱以降、約一世紀にわたって命脈を保った。どうしてだろうか。

なぜ大名は将軍を支えたのか

その理由はさまざまなことが考えられる。まずは単純だが、「幸運だった」ことがあげられよう。さらに、歴代将軍がときに失策を犯しながらも、側近や将軍直臣たち（男性だけでなく女性の直臣もいた）に補佐されつつ、全体としてはそれなりに賢明な判断を下して危機を回避していた、ということも認めなくてはなるまい。また、将軍家は戦国期にいたっても、京都やその周辺における裁判機関として実働していた。それゆえに将軍のもとには、裁きを求める寺社本所などから裁判手数料（礼銭）などが献上されていた。さすればこうした財源のあったことも、将軍が簡単には滅亡しなかった一因として想定することができよう。

しかし、将軍を存続せしめた最大の要因は、なんといっても各地の大名たちが将軍を支えつづけていたことである。

まずは在京していたり、畿内やその周辺を領国としていたりする有力大名たち――細川氏（細川政元・高国・晴元ら）をはじめ、六角氏（六角定頼）、畠山氏（畠山尚順）、大内氏（大内義興）、三好氏（三好長慶）、そして織田信長といった大名が将軍を支援していた。また、これら畿内以外の諸大名も将軍を支えつづけていた。たとえば、将軍が大名たちに献金を求めると、戦国期でも多くの大名がこれに応じていた（大名たちは、現在の貨幣価値で千万円単位もの銭貨を将軍に献じていた）。そうした大名は、一二代将軍・義晴時代に限ってみても、越前朝倉、若狭武田、駿河今川、伊勢北畠《きたばたけ》、能登畠山、豊後《ぶんご》大友《おおとも》、周防大内の各氏や大坂本願寺など、多数におよんでいる。

でも、なぜかくも多くの大名が、将軍を支援していたのだろうか。

そもそも、戦国時代の大名たちは、その大半が将軍からすでに自立していた。すなわち、大名たちは、将軍の力を借りずとも自分でその領国を支配する力量を、もはや兼ねそなえていたのである。そのうえ彼ら大名たちは、将軍や京都の寺社本所といった、みずから以外の誰かが領国内の政治に関与することを嫌い、これを排除していた。つまり大名たちは、領国内では自身を「主権者」と位置づけていたわけである。そのために戦国期の大名領国は、今日の独立主権国家のようになっていた。

にもかかわらず、なぜ多くの大名が将軍との関係を保ち、将軍を支えていたのだろうか。この理由についてもいくつかのことが考えられる。たとえば、大名たちにとって将軍は、依然として憧憬の的でありつづけていた、ということがあげられよう。

多くの大名は戦国期においても、花押《かおう》の形状から発給文書の書式、屋形の様式、屋形内での儀式作法にいたるまで、将軍をあれこれと模倣していた。これは、大名たちにとって将軍がなお「あこがれ」の対象だったことを示している。戦国期になって将軍は、軍事力や経済力といったハード・パワーは失いつつあったが、大名たちに模倣され、彼らを引きつけてしまう「魅力の力」、すなわちソフト・パワーはなお持ちあわせていたのである（ジョセフ・S・ナイ『ソフト・パワー』）。さすればこのことが、大名たちが将軍を見捨てず、これを支援しつづけていた理由のひとつだったと考えることができよう。

また、将軍と良好な関係を構築していくことが、大名たちにとって少なからぬ利益になった（と大名たちに判断されていた）ということも、彼らが将軍を支援しつづけた理由のひとつであったと考えることができる。では、将軍との関係は大名たちにとっていかなる利益になったのだろうか。以下、可能性のありそうな事柄をいくつか示していこう。

種々、室町殿《むろまちどの》（義晴）と、佐子《さこ》と、にがにがしきほどに申《もう》され候《そうらい》つるとて候

戦国期将軍の直臣は男性ばかりでなく女性もあった。そしてこうした女性直臣のなかには、側近となって将軍から重要案件の相談にあずかったり、将軍と外部のさまざまな人びとを仲介する役目を担ったりするものもあった。そのような女性直臣で有名なのが、一二代将軍義晴につかえた佐子局《さこのつぼね》である（のちに剃髪して清光院《せいこういん》と号す）。彼女は義晴の幼いころからこれに近侍し、側近として義晴を支えた。

さてここにあげたのは、佐子局の活躍ぶりを示す史料であり、局が政務において不十分な措置をとった義晴に立腹し、「苦々しきほどに」諫言を呈した、という出来事のあったことを伝えている（『天文日記』天文六年一二月九日条）。将軍家が戦国期においてもすぐに滅亡しなかったのは、男性家臣だけではなく、佐子局のような、将軍の過誤を知ればこれを苦諫する女性家臣たちの尽力によるところもまた大きかった。

高いランクの栄典がほしい

まずは、将軍を支援することで、将軍から高いランクの栄典を手に入れることができた、ということがある。

なお、栄典とは、将軍から大名たちに授けられた、一種の爵位のことである。栄典にはさまざまな種類があった。たとえば、朝廷の官途を名乗ることや（陸奥守《むつのかみ》や左京大夫《さきょうだいぶ》など。なお、こういった朝廷官途は戦国期では多くの場合、実質的には将軍が大名たちに授与した）、「御供衆《おともしゅう》」や「御相伴衆《おしょうばんしゅう》」といった幕府（狭義の幕府）の役職をえること（御供衆・御相伴衆は、いずれも将軍に近侍する役職。戦国期では将軍の重臣を示す称号になっていた）、あるいは、将軍の偏諱《へんき》（名前の一字）を自分の名前に使うことや、特別な乗物（「塗輿《ぬりごし》」など）に乗ったり、行列をかざる華麗な諸道具（毛氈鞍覆《もうせんくらおおい》や白傘袋《しろかさぶくろ》など）を使用したりする権利をえること、などである。

こうした栄典を将軍から手に入れたからといって、それでなにか実際上の特別な力を直接えられたわけではなかった。しかし、大名たちは栄典を欲した。それは、栄典には多くのランクがあり（たとえば、将軍偏諱についていえば、将軍の上の名〔義〕のほうが、下の名の字より高ランクとされた）、そしてこのランクは、戦国期においても諸大名の社会的な格《ステイタス》の高下を示すモノサシとして世間に認識されていたからである。つまり、近隣の大名より低いランクの栄典しか有していないと、世間から「近隣の者より格下だ」と見なされかねなかったのだ。

それは、体面を重んじる大名たちにとって、何よりも嫌うことであった。

それゆえに大名たちは、近隣の大名がもっている栄典よりも少しでも高いランクのものを入手しよう、とはかった。しかしそれには、栄典を授与する将軍と良好な関係を保っておかねばならない。だから大名たちは、戦国期においても将軍との関係を絶やさず、これを支援しつづけていた、というわけである（㋐栄典獲得競争の有利な展開）。

ところで、戦国期の将軍は、高ランクの栄典を求めるこうした諸大名の欲望を、巧みに利用した。そもそも、栄典は、大名の家格に見あったランクのものを将軍が大名に授与する、というのが本来のかたちである。しかし将軍たちは、自分に協力した大名にたいし、その貢献度の度合いに応じて家格以上の高ランクの栄典を恩賞として授けた（むろん、上位ランクの栄典を濫発すれば、その価値が低減してしまうことになるから、一定の節度はきちんと守ってはいたが）。こうすることで将軍は、他者より高ランクの栄典を欲する大名たちをたがいに競いあわせ、将軍への求心力を高めんとはかったのである。まことに巧妙といえよう。

常陸国岩城《ひたちのくにいわき》**、官途**《かんと》**左**《さ》**京**《きょう》**大夫**《だいぶ》**を望み申し候**《そうろう》**。雑掌**《ざっしょう》**申すことには、奥州**《おうしゅう》**の伊達**《だて》**などさえ、左京大夫に任**《にん》**じたることに候あいだ、申し上ぐ……**

右は、北関東の有力豪族・岩城氏（岩城重隆《しげたか》）が、将軍義晴にたいして「左京大夫」の朝廷官途を求めた際の記録である（『常興日記』天文一〇年八月一二日条）。これによれば、岩城氏の雑掌（＝家臣）が将軍に「奥州の伊達氏でさえ左京大夫に任じられたのだから、岩城氏もおなじ左京大夫に任じてほしい」と願ったとある。当時、岩城氏は伊達氏と勢力争いをしていた。それゆえ岩城氏としては、伊達より下位ランクの栄典をもらうわけにはいかず、同等のものを賜与してくれるよう将軍に求めたのである。

また、おなじころ北九州の有力大名・大友氏（大友義鑑《よしあき》）は、将軍義晴にたいし、「日向《ひゅうが》（宮崎県）の伊東氏や肥前《ひぜん》（佐賀県）の有馬《ありま》氏といった九州の諸豪族が、大友氏と同ランクの栄典授与を将軍に求めてきているようだ。しかし、彼らの家柄は大友ら有力大名の家臣クラスにすぎないのだから、大友と同ランクの栄典を授けるべきではない」と申しいれている（『大友家文書録』）。このように、大名たちは戦国期においても栄典のランクにはつよい関心を抱いていた。そこで、将軍はこの点を巧みに利用し、大名たちを競争させることで求心力の向上をはかったのである。

正当化根拠の調達など

戦国期の大名たちは、将軍からの命令にすべて服していたわけではなかったが、将軍をなお「主君」として敬う姿勢を取りつづけていた。たとえば、大名たちの誰ひとりとして、将軍や他の大名にたいし、自身を将軍と「同等だ」とか「それ以上だ」と主張したものはいなかった。そうしたことから大名たちは、みずからの行動が正当であることを他大名や世間に示す際、その根拠として将軍を利用することがあった（㋑正当化根拠の調達）。

たとえば、大友氏（北九州の大名・大友義鑑）は、敵対する大内《おおうち》氏（中国地方の大名・大内義隆《よしたか》）と戦う際、「大内氏は将軍様の上意にそむいた。だから征伐するのだ」と内外に宣伝した。すなわち大友氏は、大内氏征伐を正当化する根拠として、将軍（の上意違背）を持ちだしていたわけである（「島津家文書」他）。また、伊東氏（日向国の大名）も、島津氏（南九州の大名）と日向国内（宮崎県）の土地をめぐって争った際、「わが伊東氏はその昔、八代将軍の義政公から日向・薩摩・大隅《おおすみ》三ヵ国の守護に任じられているのだ」と称した。伊東氏はこうすることで、みずからに日向国内の土地を領有する正当な権利がある、ということを内外に言明したのである（「樺山安芸守善久筆記」他）。

さらに、大名のなかには、敵と不利な条件で和睦せざるをえないときに、将軍を持ちだすものもあった。不利な和睦は大名のメンツを損ない、同盟諸将のあいだにも衝撃をあたえかねない。そこでそのような場合、大名たちは将軍に依頼し、「不利な和睦を結ぶのは、敵に負けたからではない。将軍様の意向で仕方がなかったのだ」というかたちにしてもらった。こうすることで自身の体面を保ち、味方に広がる不満をやわらげようとしたのである（㋒メンツを救いショックを吸収する装置として使う）。

また、将軍を使って家中内対立の円滑な処理をはかる、という場合もあった（㋓家中内対立を処理する）。たとえば、若狭武田氏（若狭国の大名・武田元光《もとみつ》）は、ある訴訟をめぐって重臣同士が争い、どちらを勝訴としても角が立つことから困惑した。そこで武田氏は、将軍家の奉行衆（法曹事務官僚）に意見を聞き、その意見どおりに判決を下した（奉行衆の意見が出た以上は別の判決は下しえない、と言いわけしつつ）。こうすることで、敗訴になった側が武田氏に抱く不満を少しでも緩和しようとしたわけである（「丹生区有文書」他）。

ところで、さきにも述べたように、将軍は戦国期においても諸大名のあいだでなお主君と認識され、一定の尊崇をうけていた。それゆえ、将軍にたいしてあからさまに反抗的な態度を見せると、周辺の大名から批判をこうむりかねなかった。たとえば、毛利氏（毛利隆元《たかもと》）は「家を存続させるためには、上意（将軍の意向）を拒否することもやむをえない」としていたが、そのいっぽうで「上意を拒否すれば、毛利は内外から批判をうけるだろう」と懸念を示してもいた（「毛利家文書」）。さすれば大名たちは、こうした批判を避けるうえでも将軍を尊重する姿勢を見せつづける必要があった。つまり、将軍との良好な関係は、周囲からの批判を回避するうえでも利点があったわけである（㋔**周囲からの批判を回避する**）。

また、将軍との親しい関係は「家臣が大名の頭越しに将軍と結びついてしまう」こと（戦国期ではそうしたことが、ときどきあった）を阻止するうえでも役に立った（㋕**権力の二分化を防ぐ**）。たとえば、薩摩島津氏（島津義久）は、将軍義昭にたいして「家中のものに直接、接触しないように」と求めている。こうすることで、島津家中において将軍と島津氏という「二人の主君」が現出しないようにはかったわけである（『上井覚兼日記』）。

さらに大名のなかには、自分と主従関係にない近隣諸豪族を味方に引きいれる道具として、将軍を利用するものもあった（㋖内外から合力をえる）。たとえば細川晴元は、反乱を起こした家臣を討伐する際、将軍義晴に「晴元に合力するよう、大名・諸豪族に上意を下してほしい」と求めた（『常興日記』）。また、大内氏（大内義隆）も近傍の豪族一〇名をリストアップし、将軍義晴に「彼らにたいし、大内に服従するようにと命じてほしい」と依頼している（『常興日記』）。

近ごろ迷惑至極《めいわくしごく》に候《そうら》えども、上意《じょうい》の儀候のあいだ、悴愚意《かせぐい》を止《とど》め、和平、御下知《おんげち》にまかせ候

これは、毛利氏（毛利隆元）が宿敵である豊後大友氏（大友宗麟《そうりん》）と不利な条件で和睦するに際し、同盟の将に下した書状の一節である（大日本古文書「益田家文書」三〇七号）。このなかで毛利氏は、将軍義輝がしきりに毛利氏と大友氏との和平を求めていることに触れたうえで、「将軍様からの和平命令は、毛利氏にとって迷惑至極なことであるが、将軍様の仰せであるので無下に拒否することもできない。そこで私欲をとどめ、上意にしたがって大友氏と和睦することにしたのだ」と説明している。

当時、毛利氏は大友氏と戦っていたものの、戦況は毛利側にとって芳しくなかった。

そのため、毛利氏はやむなく大友側に大幅に譲歩して和睦することにしたのだが、このような和睦は毛利氏の体面を傷つけ、これまで大友と戦ってきた味方諸将の不満も生みだしかねない。そこで毛利氏は、将軍を持ちだしたうえ、「大友に屈したのではない。将軍様の命令ゆえに、仕方なく大友と和睦せざるをえなかったのだ」という体裁にして同盟の将に示したのである。なお、現代の国際政治でも、国家が敵国と不利な条件で和睦する場合、みずからの体面を保つために権威ある第三者、たとえば国連や国際司法裁判所などを持ちだし、敵国に屈したのではなく国連からの勧告にしたがっただけ、という形にすることがある（高坂正堯『国際政治』）。

交渉のきっかけをえるなど

このように、諸大名は将軍をさまざまなかたちで利用していた。それゆえ、将軍やその側近たちは、多くの大名たちと人脈をもつようになった。すると、それがまた諸大名を将軍のもとに引き寄せることになった。というのは、豊富な人脈をもつ将軍やその周辺のものたちは、大名間の橋渡しを担いえたからである。

そこで、大名たちは敵対大名との仲介役に将軍（やその側近たち）を使った。すなわち、将軍に橋渡しをしてもらうことで、敵と和睦交渉をする契機（きっかけ）を手に入れたわけである（㋗**交渉のきっかけをえる**）。織田信長が将軍義昭の仲介によって朝倉氏（朝倉義景）と和睦する契機を入手し、ついに信長包囲網を打ちくだいたのは、その一例である。

また、敵対する大名の策謀を、将軍に依頼して阻止してもらうこともあった（㋘**敵の策謀を封じこめる**）。たとえば、若狭武田氏（武田信豊《のぶとよ》）は、隣国の越前朝倉氏（朝倉孝景《たかかげ》）を苦境におとしいれるべく、謀計をめぐらした。すなわち、顔が広い将軍近臣（武田氏と親しい伊勢貞孝や本郷光泰《ほんごうみつやす》ら）を通じて、反朝倉のものと手を組まんとしたのだ。すると朝倉氏はこの情報を、自分と近しい将軍近臣（大館晴光《おおだちはるみつ》）を介していち早く入手するや、この近臣を通じて将軍義晴に依頼し、武田側の策謀を封じた（武田のために動いていた、伊勢貞孝と本郷光泰を将軍に処罰してもらった。『常興日記』）。朝倉氏は日ごろから将軍やその近臣たちと親しくしていた。それがここで役に立ったわけである。

ところで、朝倉氏が武田の策謀を封じえたのは、将軍近臣から武田の動きをすぐさま伝えられたことが大きかった。将軍やその周辺のものたちは、各地の大名と豊富な人脈をもっていたので、さまざまな情報を手に入れやすかった。それゆえ、彼らとよしみを通じておくことは大名たちにとって、電話もテレビもスマホもない戦国時代では入手しにくい、各地の情報を手にするうえで有用であった（㋙**情報をえる**）。

このように、将軍やその周囲のものと手を組むことは、大名たちにさまざまな便益をもたらした。そこで大名のなかには、競合大名がこういった便益を将軍からえられないようにすべく、将軍に近づき、競合大名を将軍の敵＝「御敵《おんてき》」にしてしまおう、とはかるものもあった（㋚**ライバルを「御敵」にする**）。また、将軍を利用しようとしている大名は、将軍からの命令を無下には拒否することができない。そこで、こうした大名たちを牽制する手段として将軍を利用する、という場合もあった（㋛**敵対大名を牽制する**）。

さらに、畿内の有力大名のなかには、将軍の支柱となり、将軍の意思決定に影響をおよぼしうる立場を手に入れることで、有利な上意を欲する大名たちと連携する契機をつかもう、というものもあった（㋜**他大名と連携する契機をえる**）。たとえば細川高国（義稙・義晴の二代にわたり将軍を支えた）は、将軍から高いランクの栄典をえたい遠国大名の求めに応じ、彼らの要望が実現されるように将軍周辺で動いた。こうすることで高国は、遠国大名と連携する契機を手にしたのである（「伊達家文書」他。高国にとって「遠国大名と連携し、彼らから慕われている」ことは、高国の人気と能力の高さを世間に示すうえで有用であった）。

また、将軍とよしみを通じていれば、畿内で広く普及していた幕府（狭義の幕府）の法や慣習に関する助言をえることもでき、畿内の大名にとって有益であった（㋝**幕府法の助言をえる**）。たとえば、畿内の有力大名・細川晴元の役人たちは、領内で起きた金銭貸借をめぐる紛争を、知識不足から裁くことができなかった。そこで、彼らは将軍家の吏僚に幕府法の助言を求め、これをもとに訴訟を処理している（『親俊日記』）。

安定的でも十分でもない

以上のように、諸大名は将軍に近づき、これと良好な関係を保っていれば、さまざまな利益——㋐栄典獲得競争の有利な展開、㋑正当化根拠の調達、㋒メンツを救いショックを吸収する装置として使う、㋓家中内対立を処理する、㋔周囲からの批判を回避する、㋕権力の二分化を防ぐ、㋖内外から合力をえる、㋗交渉のきっかけをえる、㋘敵の策謀を封じこめる、㋙情報をえる、㋚ライバルを「御敵」にする、㋛敵対大名を牽制する、㋜他大名と連携する契機をえる、㋝幕府法の助言をえる、といった利益の入手を期待することができた（なお、右にあげた㋐〜㋝は多少重複する部分がある）。

とすればこのことが、大名たちが戦国期にいたっても将軍を支援しつづけていた、その大きな理由のひとつだったといえよう。すなわち、大名たちにとって将軍はなお利用価値があったのであり、それゆえ彼らは将軍を支え、将軍の影響力も受けいれて献金をした。だから将軍は、軍事力が乏しかったにもかかわらず、戦国の荒波を乗りこえて一〇〇年間にもわたってともかくも存続しえたのである。

ただし、ここで注意しておかなくてはならないことがある。それは、将軍が大名たちからうける支援は、各大名が直面していた、そのときどきの状況によって変化したことである。たとえば、近隣の大名同士で栄典獲得競争が起きていたとしよう。そうなると、大名たちはたがいに相手より高いランクの栄典を将軍から入手しなければならないから、大名たちとって将軍の重要性は高まることになり、その結果、大名から将軍への支援もあつくなった。しかし、こうした競争が起きていなければ、将軍の重要度は（起きていた場合にくらべれば）あがらず、それゆえ大名たちから将軍への支援も等閑《なおざり》になり、将軍の命令にも大名たちは十分に服さなくなった。

つまり、大名たちが将軍を利用する「度合い」（大名たちにとっての将軍の重要性）は、その場その場の状況に応じて変化したのであり、そしてそれにともなって、大名たちが将軍を支援したり、将軍の命令に服したりする度合いもまた変化し、一定ではなかった、というわけである。したがって、将軍は諸大名から、つねに安定して支援をうけられたわけではなかった。

また、大名たちが将軍を支援したのは、将軍との良好な関係が、大名自身の生き残りをはかるうえで有用である（と大名自身が判断した）からにほかならない。それゆえ、大名たちがこの「生き残り」という死活的利益を犠牲にしてまで将軍を支援したり、将軍の命令を聞きいれたりする（つまり、自分が滅亡してでも将軍を支援する）ということはなかった。したがって将軍は、諸大名から十分な支援をうけられたわけでもなかった。

以上のように将軍は、諸大名から支援をうけ、それによって一世紀におよぶ戦国期を存続しえたのだが、その支援は決して安定的でも、十分でもなかった。ここに、将軍の政治的立場がつねに不安定であった、大きな原因のひとつがあったといえよう。

ところで、㋐〜㋝として示したように、諸大名による将軍の利用の仕方は、大きくわけて二通りあった。まずひとつは、大名領国内における「内政」問題に対処する場合である。たとえば、㋓家中内対立を処理する、㋕権力の二分化を防ぐ、はそれに相当しよう。いっぽう、もうひとつは、他大名とのあいだで生起した、いわば「外交」問題に対処する場合である。たとえば、㋐栄典獲得競争の有利な展開、などはそれにあたろう（むろん、内政と外交とを明確に区別することはできないが）。

そして、現存する史料を検索したかぎりでは、後者の事例のほうが多い。とすると、大名たちは将軍を、内政よりも外交問題に対処する手段としてもっぱら利用していた、ということになる。もちろん、これはたまたまそうした事例（史料）が現代に多く残っただけ、ということかもしれない。しかし、さきにも述べたように戦国期の大名たちはいずれも、みずからを自身の領国内における主権者と位置づけ、将軍などの外部勢力を領国内の政治（内政）から排除しようとしていた。この点を考えたならば、やはり大名たちは将軍を、内政よりも、他大名との外交面でもっぱら利用していた可能性が高いといってよかろう。

このことは、戦国期将軍の立ち位置を考えるうえで重要な手がかりをあたえてくれる。どういうことなのか、以下、説明していこう。

2　戦国時代の全体像を模索する

全体の「見取り図」

これまで「将軍は、なぜすぐに滅亡しなかったのか」という問いを立て、その理由を考えてきた。そして、①戦国期にいたっても各地の大名たちは、主として他大名との外交分野において将軍を利用していた、②大名たちはこの利用の度合いに応じて、将軍を支援し、また将軍の影響力を受けいれていた、③このことが、将軍が戦国期においてもすぐに滅亡しなかった理由のひとつであった、ということを述べてきた。

そこで次に、戦国期日本列島全体という視点から、将軍がなぜすぐに滅亡しなかったのか、その理由をより深く探究してみよう。

そもそも戦国時代の将軍は、諸大名を強力に統制していたわけでも、この時代における政治の中心にあったわけでもなかった（なお、このように将軍が「弱かった」からこそ、大名たちはいわば「安心して」将軍を利用しえた、ということもできるだろう)。それゆえ、いくら将軍を研究しようとも、それだけで戦国時代をただちに理解できるわけではない。

しかし、将軍の分析を抜きにしても、戦国時代を理解することはできない。なぜならば「はしがき」でも書いたように、将軍はこの時代であっても、なお「列島全体の存在」であったからである。列島各地の大名たちが依然として将軍とよしみを通じ、将軍を利用してこれを支援していたことは、このことをよく示しているといえよう。

したがって、将軍はなぜすぐに滅亡しなかったのか、という問題を考えるには、戦国時代における列島全体を把握せねばならない。とはいえ、列島全体を丸ごととらえる、といってもそれは容易なことではない。あまりにも複雑だからである。それゆえ、もし全体をすべて正確かつ緻密にとらえようとすれば、私たちは膨大な史実の大河に飲みこまれ、分析というより観察のみにとどまり、事実の集積と整理・羅列だけで力つきるに違いない。

ではどうすべきか。まずは、戦国列島社会全体の「見取り図」を描いていくべきだろう。ここでいう見取り図とは、厳密には正確でも詳細でもないけれども、おおよそ全体をうまく説明している図のことである。では、これを描くにはどうしたらよいのだろうか。

それには、複雑で多様な戦国列島をいったん単純化していかなくてはならない。むろん、単純化することで微視的な緻密さ・正確さは犠牲になろう。しかし、単純化しなければ全体の見取り図を描くことはできない。では、どこに注目して単純化していくのか。

それは、列島全体の「構造」である。ここでいう構造というのは、簡単にいえば「骨組み」のことである。左の図で説明しよう。これは、ある城の断面図である。この城の内部では、城主やこれにつかえる諸役人たちがあって、日々活動していたことだろう。そして、それにともなって城の内部ではさまざまな事件が生起し、状況がめまぐるしく変化していたに違いない。そのいっぽう、この城の骨組みは、時間を経ても大きくは変わることはなかっただろう。こういった骨組みこそが、構造である。

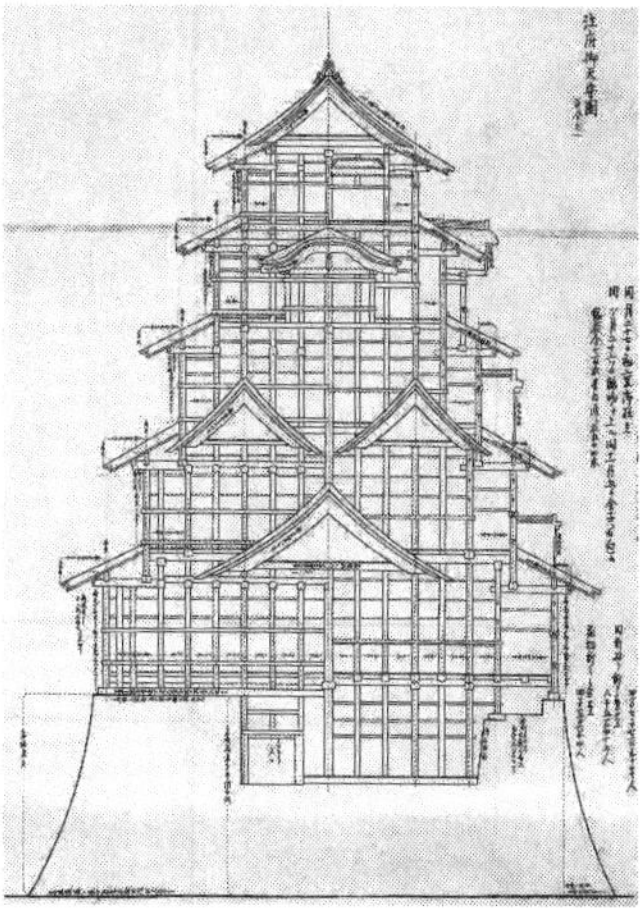

構造（骨組み）　東京都立図書館蔵「江戸城御本丸御天守百分之一建地割」

このような構造（骨組み）は、戦国列島社会にもあったはずである。そして、日々刻々と変化する事件史（本書の序章から第五章までで述べてきた、将軍をめぐるあれこれは、こうした事件史である）ではなく、その裏にある、時の経過によっても大きくは変化することのない、長期にわたって持続する「全体の骨組み」——構造を摘出することができれば、それをもとに列島全体の見取り図を描きだすことができるのではないだろうか。

ただし、そうはいっても何かヒントなり、手がかりなりがなければ、構造を見いだすのは簡単なことではない。そこで注目したいのが、私たちが生きている現代の世界である。これも「はしがき」で述べたように、現代世界は戦国時代と類似している。

まず、どちらも全体を統括する強力な中央権力がない。そして、現代の世界が二〇〇弱の主権国家によって分割されているのとおなじように、戦国期日本列島も、今日における主権国家のごとき、いくつかの大名領国に分割されていたからである。さすれば、私たちが現代の世界を理解するときに使う方法は、戦国期の列島全体を理解する方法としても利用することができるのではないか。

では、私たちは現代の世界をどのように理解しているのだろうか。私たちは、いまの世界を考える際、これを「国内社会」と「国際社会」という二つの次元にわけることが多い。国内社会というのは、日本やアメリカ、中国といった各国々の国内という次元であり、そこには政府があり、国土があり、国民がいる。いっぽう、国際社会というのは、各国（の政府）がたがいに外交をしあったり、貿易をしたり、戦争しあったりする次元のことである。私たちは、世界をこうした国内社会と国際社会にわけて考える。たとえば、新聞を見ると「国内」のページと「国際」のページとにわかれている。

さすれば、戦国期日本列島についてもこれにならい、おなじように二つにわけて考えてみたらどうだろうか。すなわちひとつは、大名領国内という次元である。これは、たとえば武田信玄の領国、上杉謙信の領国といった、大名たちの領国内のことであり、そこには大名がおり、その領土があり、大名の家臣や領民たちがいる。いっぽう、もうひとつはこれとは別の、大名と大名とが戦争をしたり、外交をしあったりする次元である。

そこで本書では、前者を〈国〉の次元、後者は〈天下〉の次元と称しておこう。この二つは明確にわけられるわけではないが、両者をいっしょくたにせず、さしあたって別のものとしておくのだ。

将軍の活動領域はどちらか

さて、私たちは現代の世界を、国際社会と国内社会という二つにわけて考える。それとおなじように、戦国期日本列島についても、〈天下〉と〈国〉という二つの次元にわけて考えてはどうか――これまでそう述べてきた。では、将軍はこのうちのどこに位置づけられるのか、といえば、それは〈天下〉の次元である。このことは戦国期の将軍と、今日の国際機関とを対比して考えてみると、わかりやすいかもしれない。

今日、世界にはさまざまな国際機関が存在している。国連や世界保健機関（WHO）、国際司法裁判所（ＩＣＪ）などである。こうした国際機関は、各国の国内における政治には直接的には関与することができない、たとえば、日本国内における疫病対策を、ＷＨＯは主導しえない。なぜならば国内の政治は、各国政府（日本国内なら日本国政府）の管轄範囲だからである。したがって、国際機関は、国内社会で活動しているわけではない。

では、国際機関はどこで活動しているのか。それは、国際社会のほうである。すなわち、国際機関は各国によって国際問題を処理する際に利用され、一定の役割をはたしている。たとえば、これまで戦いあっていた国同士が和睦しようとしたとしよう。そのようなとき、国連（国連の事務総長）が当事国の要請をうけてあいだにはいり、双方を仲介する、ということはよくあることである。このように、国連をはじめとする国際機関は、国際社会のほうを主たる活動領域にしている。

将軍はこうした国際機関のあり方と類似している。なぜならば、さきにも述べたように将軍も、また大名たちによって大名領国内の問題よりも、他大名との外交問題を処理する際にもっぱら利用されていたからである。さすれば、次のように考えることができないか。

すなわち、国連をはじめとする国際機関の主たる活動領域は、国内社会ではなく、各国がたがいに外交をしたり貿易しあったりする国際社会である。それとおなじように、将軍もまた〈国〉ではなく、各大名たちがたがいに外交をしたり戦争しあったりする〈天下〉の次元のほうを主たる活動領域にしていた、ということである。

そうだとすれば、私たちが「将軍は、なぜすぐに滅亡しなかったのか」という問題を考える際に注目しなくてはならないのは、〈天下〉の次元のほうだということになる。では、これはいかなる姿をしていたのだろうか。

ただ今はおしなべて、自分《じぶん》の力量《りきりょう》をもって国《くに》の法度《はっと》を申しつけ、静謐《せいひつ》することとなれば……

これは、駿河国（静岡県）の大名・今川氏によって戦国期に制定された分国法のなかの一節であり、「今は将軍が日本列島全体を差配していた昔とは違い、大名が自分の力量によって法などを制定し、領国内の平安を維持しているのだ」という意味である。今川氏はこのような分国法を定めることで、将軍にたいする自立を宣言したわけであった（「今川仮名目録・追加」第二〇条）。

こうした今川氏にかぎらず、戦国時代になると各地の大名たちは、その多くが将軍などの外部勢力を排し、もっぱら自分の力量によって領国を支配していった。それゆえ、私たちは大名領国内、すなわち〈国〉の次元だけしか見ていないと、将軍の姿があらわれず、「将軍は、もはやあってなきがごとき存在に成りはてていた」といった印象を受けやすい。しかし、大名間関係のレベルである〈天下〉の次元に目を向けてみると、将軍はさまざまな活動を展開し、決して有名無実といった存在ではなかったことが見えてくる。これはちょうど、国連やＷＨＯといった国際機関の活動が、国内社会（たとえば日本国内）だけしか見ていないとわかりにくいのにたいし、国際社会に注目するとよく見えてくる、ということに似ているといえよう。

〈天下〉における三つの側面

戦国時代では、列島各地に割拠する大名たちが近隣のもの同士で対立し、戦いあっていた。それは、大名たちがいずれも、たがいに相手に脅威をあたえうる武力をもっていたうえに、相手の真意を正確に把握することができなかったからである。

たがいに相手の真意がわからないと、相手にたいし「こちらに攻めてくるのではないか」という恐怖を感じざるをえない。しかも大名たちのあいだには「警察官」役の中央権力が存在せず、したがって、大名たちはいわば「何をやっても許される」状態にあった。つまり、たとえ近くの大名領を侵略しても、誰からも咎められないわけである。こうしたなかでは、大名たちにとって、たがいに相手への恐怖は際限なく増大せざるをえない。相手の大名がすぐ隣にあり、つよい武力をもち、かつ攻撃的な性格をもっている、という場合はなおさらである。

この恐怖から逃れるためのひとつの方策は、すすんで相手に降参してしまうことであろう。

もっとも、これは良策とはいえない。なぜならば、相手に降参したあと、相手が図に乗ってこちらに無理難題を押しつけてくるかもしれないからである。つまりこの方策では、相手から攻められるかもしれないという恐怖からは逃れられても、相手から脅迫されるかもしれない、という別の恐怖に直面しかねない。したがってこの方策をとるのは、相手がそのようなことはしてこないだろうと信じるに足る場合や、自分が圧倒的な弱者であり、かつ孤立していてほかに取りうる選択肢がない、といった場合などに限られる。

もうひとつの方策は、相手がこちらを攻撃してくる前に、こちらから相手を攻めてこれを倒してしまう、ということである。このほうが、さきの方策よりいくらかはマシだろう。しかし、相手側もまたおなじように考える。それゆえ、大名たちはたがいに戦いあうことになった——これが、大名たちが戦いをしてしまう、ひとつのパターンといえる（これは、今の国と国との関係にも当てはまる。ジョン・J・ミアシャイマー『大国政治の悲劇』、スティーヴン・M・ウォルト『同盟の起源』）。

このように、大名たちは好むと好まざるとにかかわらず、たがいに戦いあわざるをえない状況にあった。それゆえ、戦国時代では大名同士の戦いが列島各地で生起した。さすれば、〈天下〉とは次のような世界であったということができよう。すなわち、大名たちの闘争、およびそれにともなう分裂という特徴を有しており、「力が強いか弱いか」という、力の論理がすべてを決する、そういった世界である。

ただし、ここで注意しなくてはならないことがある。それは、大名たちはいつも戦いあっていたわけではなかった、ということである。大名たちにとって戦争はリスクが高かった。なぜならば、相手がこちらにくらべて圧倒的な弱小勢力でもないかぎり、戦争になればこちらも傷つくことは避けられないからである。それでも戦争に勝てばよいが、負ければさらなる大きな損害をこうむることになる。また、もし戦争が長期化したりすれば、莫大な戦費を要することにもなった。そのうえ、戦いに勝って敵の城や領土を奪ったとしても、今度はこれをうまく経営し、また防衛していかねばならない。それにもまた多大な精力を要した。

こうしたことから、大名たちにとっては、近隣のもの同士で戦いあうよりも、よしみを通じあったほうが長期的に見ればたがいにずっと「お得」であった。そこで、大名たちはたがいに戦いあう一方で、可能なかぎり協調しあってもいた。すなわち、対立が起きてもできるだけ武力衝突を回避し、外交交渉で問題を解決しようとした。また、戦争になってしまった場合でも、たとえば将軍を使って敵と和解する端緒をひらき、早期の休戦実現をめざした。あるいは、競合大名より自分のほうが格上であることを内外に示す根拠をえるのに、戦争で雌雄を決するのではなく、将軍からもらった栄典を使うという方法を選択した。

そのため戦国時代は、「はしがき」でも書いたごとく、「戦国」という名称とは裏腹に、大規模な戦争が日常的に継起することはなく、意外に平和であった。さすれば、この時代の〈天下〉を、さきに述べたような大名同士の闘争・分裂ということだけでとらえるのは一面的すぎる、といえよう。〈天下〉にはこれ以外にも、共通の利益をもとに大名間で協調・まとまりが生じる、といった側面もあった。すなわち、「得か損か」ということが大きな意味をもつ、いわば利益の論理が働く世界でもあったのである。

ところで、私たち現代人は、戦国時代というと（ドラマや小説などの影響もあって）力の強弱や利害得失だけですべてが決せられる世界だった、と思いがちである。つまり、「何でもあり」の世界であったかのようなイメージをもちやすい。

しかし、この時代であっても、社会には「正しいこと」と「そうでないこと」の区別はそれなりにあった。たとえば、以前にも少しふれたように、戦国時代であっても「主君は大事な存在」という社会規範はなお強固に見られた。むろん、戦国期に下剋上的な事件がなかったわけではない。だが、「下剋上は当然だ」などとされていたわけではなかった。それゆえ、主君を殺せば人びとから顰蹙《ひんしゅく》をかうことになった。一三代将軍・義輝を殺害した三好らが、世間から非難されたのはその好例である。

そしてこうした、社会に広く行き渡っていた規範や、それを生みだす「正しいこととは何か」といったことについての世論や社会の価値観・信条は、大名たちを少なからず束縛していたと考えられる。なぜならば、大名といえども独りでは何もすることができず、社会を構成する武士や百姓らの幅広い支持を必要としていたからである。そう考えれば、戦国期の〈天下〉は、世論や社会の規範によっても左右され、「正か不正か」という、いわば価値の論理の働く世界であった、ということもできよう。

親子は一世《いっせ》、夫婦は二世《にせ》、主従は三世《さんぜ》の契《ちぎ》り

これは、中世後期における能や謡曲といった、さまざまな文芸作品にしばしば見られた文言であり、「親子は現世だけの関係であり、夫婦は現世と来世におよぶ関係である。そして主従は、前世・現世・来世とつづく、永遠の関係なのだ」という意味である。このような「主従の関係を夫婦や親子の関係以上に重視すべし」という文言が幅広く世間に流布していたのであり、このことからは当時にあっても、主君は大事な存在という社会規範がなお根強く存在していたことをうかがわせる（黒田日出男「政治秩序と血」）。

もっとも、主君を重視する規範が存在していたのは、考えてみれば当然のことであろう。というのは、武士は最下層のもの以外は、いずれも誰かの家臣であると同時に誰かの主君であった。それゆえ、もし「下剋上は当然であり、実力のない主君は家臣がこれを討ってもかまわない」などということになれば、武士たちの多くは家臣の反逆をおそれて安眠できず、唯一、最下層のものだけが枕を高くして眠ることができる、という奇妙なことになってしまうからである。そのようなことはありえないはずで、このように

論理的に考えても「戦国時代では下剋上は当然とされていた」との見方は成り立ちえない。

「闘争・分裂」だけにあらず

これまで、戦国期日本列島社会全体の構造として、〈天下〉と〈国〉という二つの次元を想定した。そして、将軍は〈国〉よりも〈天下〉の次元において主として活動する存在であったこと、この〈天下〉には次のような(1)〜(3)の三つの側面があり、これらが絡みあい、三和音をかたちづくっていたと見られること、などを述べてきた。

(1)「闘争・分裂」という側面（そこでは、力の論理〔強いか弱いか〕が働く）。
(2)「協調・まとまり」という側面（そこでは、利益の論理〔得か損か〕が働く）。
(3)「世論・規範の縛り」という側面（そこでは、価値の論理〔正か不正か〕が働く）。

ちなみに、現代の国際社会についても、このような力と利益、価値という三つの側面があると指摘されている。たとえば「各国家は力の体系であり、利益の体系であり、そして価値の体系である。したがって、国家間の関係はこの三つのレベルの関係がからみあった複雑な関係である」（高坂正堯『国際政治』）、「国家の体系も国際社会の体系も、パワーの体系、利益の体系、価値の体系からなる。この三者体系こそが国際政治を論じる際に必要とされる普遍的な座標軸である」（小原雅博『戦争と平和の国際政治』）といった具合である。

そしてこうした国際社会において、国連をはじめとする国際機関は、国と国とのあいだで生じたさまざまな問題が処理される際に一定の役割をはたしている。いっぽう、戦国期の将軍もすでに述べたごとく、〈天下〉においてちょうど国際社会における国連（国連事務総長）のように、大名間で生じたさまざまな問題が処理される過程で一定の役割をはたしていた。このように整理してみると、この両者はよく似ているといえよう。さすれば、戦国期の〈天下〉における将軍を、現代国際社会における国際機関、たとえば国連事務総長のようなものだったとイメージしても、決して的外れではない。

さて、以上が今のところ著者が想定している、戦国期列島社会全体の見取り図である。では、これが正しいとするならば、「将軍は、なぜすぐに滅亡しなかったのか」という問題を考える際、注目すべき点はどこだろうか。

それは、〈天下〉が(1)の「闘争・分裂」という側面だけではなく、(2)の「協調・まとまり」という側面もあったことである。すなわち、戦国時代においても諸大名は戦いあうばかりでなかった。コストのかかる戦争は可能なかぎりこれを回避し、近隣大名と協調をはかろうともしていた。それゆえ、大名たちは外交を重視した。その結果、大名たちのあいだでは外交の分野で有用な（と大名たちに判断されていた）将軍が注目されるところとなり、「将軍とよしみを通じて利用しよう」とするものが現れた。

こうして将軍は諸大名に利用されることになった。そして、その分だけ大名たちから支援をうけることになり、その結果として将軍は戦国末まで生き延びることになった、というわけである。もし戦国時代が、たんに力の強弱がすべてを決する「闘争・分裂」だけの世界であったならば、将軍は大名たちに必要とされず、したがって支援もうけられなかったに違いない。そうなれば、将軍は不十分な軍事力しかなかったこともあり、短時日のうちに滅亡していたことであろう。しかし、戦国時代には「協調・まとまり」という側面もあった。そしてこのことが、将軍を応仁の乱以降、一〇〇年にもわたって存続させていったのである。

では、これ以外に、将軍がすぐに滅亡しなかった理由として考えられるものはないのだろうか。実は最近この点について、(3)「世論・規範の縛り」の側面に注目した、次のような見方が示されている。

すなわち、将軍は、戦国時代においても武家のあいだでなお「武家の棟梁（主君）」と認識されていた。したがってそうした将軍を、「主君を尊重すべし」といった社会規範が存在するなかで討ちはたし、自分がこれに取ってかわろうとする、などということは、いかに強豪大名といえども至難なことであった。それにそもそも、「将軍家を滅ぼそう」などという発想すら大名たちには乏しく、さすればこれらのことが、将軍を戦国期においても存続させていたのではないか、というのである（谷口雄太『中世足利氏の血統と権威』）。

たしかに、このような考え方（これはさきに少しふれた、将軍の「ソフト・パワー」に注目する見方といってもよいかもしれない）の成り立つ余地は十分にあるだろう。おそらく、将軍がすぐに滅亡しなかった理由はひとつではあるまい。今後研究が進展し、さまざまなアイディアが提案されることを期待したい。

なぜ滅亡していったのか

さて、これまで将軍存続の理由を探ってきたわけだが、では、なぜ将軍は滅亡することになったのだろうか。最後の将軍・義昭は将軍家の再興をはたすことができず、豊臣秀吉の一従臣としてその生涯を終えることになった。これはなぜなのだろうか。

その理由は、さしあたって三つほど想定することができよう。

まずひとつは、将軍家の脆弱《ぜいじゃく》な軍事力という点である。戦国期列島社会には「闘争・分裂」という側面しかなかったわけではないが、この側面があったことは厳然たる現実である。否、大名たちの上に、彼らを統制しうる警察官役が存在していない戦国社会においては、

「強いか弱いか」という力の論理がモノをいう「闘争・分裂」という側面こそが、支配的な側面であったといっても過言ではない。

さすれば、そのようななかで武力の乏しい将軍（義昭）が生き残っていくことは、かなり困難であったといえよう。それでも義昭は、諸大名をまとめ上げ、包囲網を結成して信長に軍事的に対抗せんとした。しかし、信長包囲網は有効に機能せず、義昭は将軍家の復活をはたせなかった。将軍家に十分な直属軍事力が兼備されていないという、創業期に起源する欠陥が、最後まで将軍を苦しめていったわけである。

第二は、信長や秀吉、とりわけ秀吉が、足利将軍以上の利益を諸大名に付与しはじめたことがあげられる。秀吉は大名たちが自分のもとに服属してくれれば、原則としてその領土を安堵してやった。また、大名間で紛争が発生すれば、これを裁き、強制力をともなう裁決を下して紛争を解決に導いていった。この結果、大名たちは自分たちの領土を、秀吉の武力によって安定的に保ちうることになった。と同時に彼らは、近傍大名とのあいだで紛争が生起しても、戦争ではなく、強大な軍事力をもつ秀吉の裁定によって解決をはかることができるようにもなったのである。

これまで多くの大名は、自分の力だけで領土保有や近隣大名との紛争解決に努めていかねばならず、多大な精力を費消する臨戦態勢をつねに強いられてきた。その原因は、大名同士の紛争を防いでくれたり、実効性のある紛争裁定を下してくれたりする「警察官」役のリーダーが大名たちの上に存在していなかったことにある。ところが秀吉が登場し、こうした警察官役を担うようになった。その結果、大名たちはもはや臨戦態勢をとる必要がなくなり、自力救済にともなう負担からようやく解放されることになった。

もちろん、「警察官」秀吉の裁定はときに恣意的であったし、諸大名は秀吉から安堵や裁定をうけるかわりに、秀吉から課された軍役《ぐんやく》などを十全にはたさなくてはならなかった。しかし、それを差し引いても、大名たちにとって秀吉のあたえた利点は大きかったといえる。さすればこのことが、諸大名のあいだで「足利離れ」を引きおこしていったことは十分に考えられよう。なぜならばこれまで足利将軍は、武力が乏しかったこともあって警察官役を担えず、大名たちに安定という利点を供与することができなかったからである。

第三は、秀吉の「天下人」としての地位が確立されていくにともなって「秀吉こそが大名たちの主君」といった認識が広まっていったことが想定できよう。

秀吉は一五八七年（天正一五年）末、長らく毛利氏のもとにあった義昭の帰京を許したのち、これをみずからの一従臣とした。また、秀吉は天皇を持ちだし、「自分は、天皇から日本六十余州を進止《しんし》せよと命じられた」と称することで、自身が諸大名はもとより足利とも別格な、列島を差配する資格のある存在であることを内外に宣伝していった（「島津家文書」）。

さらに秀吉は、列島すべての大名たちを新たにランキングし、その頂点に秀吉を据えた。そして、このランキングを社会の主要構成員たる大名たちに強制し、これをいっきょに受容させていった。

これら一連の施策によって、「足利ではなく、秀吉こそが大名たちの主君」といった認識が、諸大名以下、社会に広まったであろうことは想像にかたくない。それは秀吉治世期、足利旧将軍家が忘れられた存在になっていったことが証明していよう。最後の将軍・義昭が没したとき「近年、将軍の号、蔑《ないがし》ろなり。有名無実、いよいよもって相果《あいは》ておわんぬ」といわれたことは、さきに述べたとおりである。

つまり、足利氏（義昭）は、力の面で秀吉らに圧伏され、利益の面でもおくれをとり、そして、かつてのごとき「大名たちの主君」でもなくなっていったのである。この結果、足利将軍家はついに復活することなく、滅亡することになったのではないか。今のところ、このように考えておきたい。

この期に於《お》ける将軍は只《ただ》一箇の装飾《そうしょく》に過ぎずして、主権者更迭《しゅけんしゃこうてつ》する毎《ごと》に、自ら好む所《この》の装飾物を居《す》え更《か》えしのみ。故《ゆえ》に足利将軍は徒《いたずら》に其《その》名を存《そん》するも、其実《じつ》は既《すで》に已に亡《ほろ》びたりしなり

これは、明治から大正時代に活躍した中世史家・田中義成《よしなり》氏が東京帝国大学で行った、

戦国期足利将軍に関する講義案の一節であり、「戦国期の将軍はもはや実権をまったくうしなって、有力者のたんなる「装飾物」に成りはてていた。それゆえ、実質的にすでに滅亡していたといえる」といった意味である（『足利時代史』）。これが、当時における学界の常識であった。しかし、それから約一世紀がすぎ、戦国期将軍の評価は大きく変わった。今日では、将軍は決して「亡びたりしなり」ではなく、戦国時代を考えるに際して無視してよい存在ではない、との見方が学界では定着しつつあるのだ。

足利将軍とは、そもそも何だったのか――このことの解明が、現在における戦国期将軍研究の中間目標である。この目標を達成していくには、戦国期日本列島全体のあり方が問われなければならない。それゆえ本書では、列島全体の「見取り図」を示してきたわけだが、この図からはさらに新たな問題が生じる。そのうちの二つをあげよう。

ひとつは、なぜ「闘争・分裂」だけでなく「協調・まとまり」という側面も見られたのか、という問題である。戦国期の大名たちは戦いあうだけでなく、協調しあうこともあった。それは、つねに戦いばかりしていれば自滅しかねなかったからであるが、そうだとわかっていても戦わざるをえない、というのが戦国の状況である。にもかかわらず、なぜ大名たちは戦いあう一方で協調しあうこともできたのか。足利将軍がこうした「協調・まとまり」を生みだす要素のひとつであったことは間違いない。しかし、それだけではなかったはずで、とすれば、いったいいかなる仕組によって大名間において協調が生成されていたのだろうか。

もうひとつの問題は「世論・規範の縛り」の側面をどう実証していくか、という点である。たとえば、織田信長は将軍義昭を京都から追放したが、殺しはしなかった。それは「主君は大事な存在」という当時の世論や規範が信長の心のうちに影響をあたえ、将軍殺害などはそもそも選択肢になかったから、なのかもしれない。しかし、もしそうだとして、これをいかにして実証していくのか。

一般に、人の心の内面の動きは史料には出にくい。さすればこの手の問題は「厳密には実証することはできないが、おおまかに傾向を証明できればそれでよしとする」というレベルで論じていくしかないだろうが、それでも多くの研究者を納得させるには、数多くの間接証拠を集め、より説得力のある「傾向」を見いだしていかなくてはなるまい。そのうえで、たとえば「そもそも戦国社会において『正しい』とされていたことは何であったのか」といったことを整理してみるなど、テーマを適切に選び、議論を工夫していかなくてもならないだろう。

以上のように、今や私たちには「協調を生成していたメカニズムは何だったのか」、「規範の影響をいかにして（おおまかに）実証していくのか」という問題が突きつけられている。どちらも難問であり、その考察に際しては歴史学だけでなく、政治学や社会学、心理学、行動経済学といった隣接諸科学に学び、新しい発想をしていくことが必要であろう。そう考えれば今や戦国史研究は「史料を虚心坦懐に眺めて分析し、どんな些《さ》末《まつ》なことであっても新事実を明らかにすればそれでよし」といった段階から、戦国社会全体にかかわる問題を、隣接諸科学の知見なども総動員して考察していく、という段階に達しつつあるといえるのかもしれない。

あとがき

それにしても、よく戦ったものである。七人の将軍たちはよく戦った。父の干渉から脱しようと苦闘した「悲運な若武者」義尚、虜囚の辱めをうけるも決して諦めなかった「不屈の闘将」義稙、変人・細川政元との関係に苦悶しつづけた「孤高の悲将」義澄、勝てざるも負けなかった「隠れた名将」義晴、凶刃にたおれた「未完の英主」義輝、父の宿願をはたした「阿波の哀将」義栄、将軍家再興の素志を曲げず、強敵信長にいどみつづけた「希代の梟雄《きょうゆう》」義昭……。

彼らの生涯を想うとき、私は、江戸時代中期の大学者・荻生《おぎゅう》徂徠《そらい》の次のような言葉が心に浮かぶ。

人の智は、さまざまの難儀苦労をするより生ずるものなるに、さようなることとなければ、智恵《ちえ》の生ずべきようなし。乱世の名将は生死の場をへて、さまざまの難儀をしたるゆえ、智恵あるなり（『政談』巻之三）

七人の将軍は難儀に耐え、生死の場に生きた。さすれば、彼らもこれによって智恵を手にすることになったのではないか。そしてそのこともまた、足利将軍家が戦国時代にはいってもすぐには滅亡しなかった、その理由のひとつといえるかもしれない。

もし「成功」という言葉が、権力を握り、安定政権を樹立する、ということだとすれば、七人の将軍たちは「成功しなかった」。それゆえ、現代では彼らの人物才幹を称揚する声はほとんどない。いわば、七人は忘れられた存在になっている。

しかし、辛苦辛労をしのいだ将軍たちの生涯を知ることは、私たちに、多くの示唆と生きる勇気をあたえてくれる。と同時に私たちは、彼らを通じて戦国時代という時代を知り、それを現代と比較してみることで、現代だけを見ていてはわからない、その意外な側面に気づくこともできる。そしてこの、現代についての気づきをえる、ということが、戦国期将軍研究の最終目標なのである。

過去、とりわけ戦国時代のような何百年も昔の過去をいくら学んでも、それですぐさま現在に活用できる教訓や処方箋をえられるとはかぎらない。また、過去を知っても、それで未来を予測することもむずかしい。しかし、私たちは過去を知り、これをうまく使うことで、日ごろは当たり前すぎて気づきにくい、自分たちの生きる現代をより深く理解することができるようになる。そして、ここに歴史学という学問の存在意義《パーパス》がある。

歴史学は、過去の事実をただ明らかにするだけ、という学問ではない。過去の事実を解明することは、歴史学の手段であって目的ではない。では、目的はなにか。それは過去を知り、そしてこの過去を使って現代をより深く知る、ということである。

すなわち、過去を知ることで現代に生起しているさまざまな問題の「はじまり」を問い、過去から現代までの変化の筋道を明らかにしていく。あるいは、過去を知り、その過去と現代とを比較していくことで現代の特徴をあぶり出していく。このような方法によって、現代を見ているだけでは見えにくい、現代の姿に気づく――これが歴史学なのである。

したがって、歴史学の「歴史」は、過去とイコールではない。これは、過去と現代（および、この二つのあいだの過程）を示す言葉である。ここで重要なのは、歴史という言葉には、私たちが生きている現代もふくまれている、ということである。それゆえ、現代に無関心というのでは、歴史学を学ぶことは決してできない。

過去を知ることはおもしろい。しかし、過去の事実を知るだけで満足し、それでおしまい、という過去学《ダーク・サイド》に堕ちてはならない。

歴史とは……現在と過去との間の尽きることを知らぬ対話なのであります。

――E・H・カー

二〇二三年八月

山田康弘

主要参考文献

家永遵嗣「足利義視と文正元年の政変」(『学習院大学文学部研究年報』六一輯、二〇一五年)
今谷明・高橋康夫編『室町幕府文書集成・奉行人奉書篇』上下(思文閣出版、一九八六年)
スティーヴン・M・ウォルト『同盟の起源』(今井宏平・溝渕正季訳、ミネルヴァ書房、二〇二一年)
黒田日出男「政治秩序と血」(黒田『歴史としての御伽草子』ぺりかん社、一九九六年)
桑山浩然編『室町幕府引付史料集成』上下(近藤出版社、一九八〇・八六年)
高坂正尭『国際政治』(中央公論社、一九六六年)
小原雅博『戦争と平和の国際政治』(筑摩書房、二〇二二年)
佐藤進一『日本中世史論集』(岩波書店、一九九〇年)
設楽薫「足利義尚政権考」(『史学雑誌』九八—二号、一九八九年)
清水克行『室町社会の騒擾と秩序』(吉川弘文館、二〇〇四年)
ゲオルク・ジンメル『社会学』(上巻、居安正訳、白水社、二〇一六年)
瀬田勝哉「「鬮取」についての覚書」(『武蔵大学人文学会雑誌』一三巻四号、一九八二年)
高橋康夫「描かれた京都」(高橋編『中世のなかの「京都」』所収、新人物往来社、二〇〇六年)
田中義成『足利時代史』(講談社、一九七九年)
谷口雄太『中世足利氏の血統と権威』(吉川弘文館、二〇一九年)
千々和泰明『戦争はいかに終結したか』(中央公論新社、二〇二一年)
ジョセフ・S・ナイ『ソフト・パワー』(山岡洋一訳、日本経済新聞社、二〇〇四年)

ジョン・J・ミアシャイマー『大国政治の悲劇』（奥山真司訳、五月書房、二〇〇七年）
アーネスト・メイ『歴史の教訓』（進藤榮一訳、岩波書店、二〇〇四年）
百瀬今朝雄「応仁・文明の乱」（『岩波講座日本歴史』七・中世三所収、岩波書店、一九七六年）
山田邦明他『日本軍事史』（吉川弘文館、二〇〇六年）
山田康弘『戦国期室町幕府と将軍』（吉川弘文館、二〇〇〇年）
同「戦国期における将軍と大名」（『歴史学研究』七七二号、二〇〇三年）
同「戦国期大名間外交と将軍」（『史学雑誌』一一二－一一号、二〇〇三年）
同「戦国期栄典と大名・将軍を考える視点」（『戦国史研究』五一号、二〇〇六年）
同「戦国期本願寺の外交と戦争」（五味文彦・菊地大樹編『中世の寺院と都市・権力』所収、山川出版社、二〇〇七年）
同「十四代将軍義栄と「二神家文書」所収御内書について」（『戦国史研究』五五号、二〇〇八年）
同「戦国期幕府奉行人奉書と信長朱印状」（『古文書研究』六五号、二〇〇八年）
同「戦国時代の足利将軍家と本願寺・加賀一向一揆」（『加能史料研究』二一号、二〇〇九年）
同「戦国期伊予河野氏と将軍」（『四国中世史研究』一〇号、二〇〇九年）
同「戦国期将軍の大名間和平調停」（阿部猛編『中世政治史の研究』所収、日本史史料研究会企画部、二〇一〇年）
同『戦国時代の足利将軍』（吉川弘文館、二〇一一年）
同「戦国時代の足利将軍に関する諸問題」（『戦国・織豊期の西国社会』所収、日本史史料研究会企画部、二〇一二年）
同「戦国政治と足利将軍」（藤田達生・福島克彦編『明智光秀—史料で読む戦国史③』所収、八木書店古書出版部、二〇一五年）
同『足利義稙——戦国に生きた不屈の大将軍』（戎光祥出版、二〇一六年）

同「戦国期足利将軍存続の諸要因――「利益」・「力」・「価値」」(『日本史研究』六七二号、二〇一八年)
同『足利義輝・義昭――天下諸侍、御主に候』(ミネルヴァ書房、二〇一九年)
同(編)『戦国期足利将軍研究の最前線』(山川出版社、二〇二〇年)

地図作成　ケー・アイ・プランニング

山田康弘（やまだ・やすひろ）

1966年（昭和41年），群馬県に生まれる．学習院大学文学部卒業．同大学大学院人文科学研究科博士後期課程を修了し，博士（史学）を取得．現在，東京大学史料編纂所学術専門職員．専門分野は日本中世史．

著書『戦国期室町幕府と将軍』（吉川弘文館）
『戦国時代の足利将軍』（吉川弘文館）
『足利義稙』（戎光祥出版）
『足利義輝・義昭』（ミネルヴァ書房）
『戦国期足利将軍研究の最前線』（編，山川出版社）
など

足《あし》利《かが》将《しょう》軍《ぐん》たちの戦《せん》国《ごく》乱《らん》世《せい》
中公新書 *2767*

2023年 8 月25日発行

著　者　山田康弘
発行者　安部順一

本文印刷　三晃印刷
カバー印刷　大熊整美堂
製　本　小泉製本

発行所　中央公論新社
〒100-8152
東京都千代田区大手町 1-7-1
電話　販売 03-5299-1730
　　　編集 03-5299-1830
URL https://www.chuko.co.jp/

Published by CHUOKORON-SHINSHA, INC.
Printed in Japan　ISBN978-4-12-102767-2 C1221

中公新書刊行のことば

いまからちょうど五世紀まえ、グーテンベルクが近代印刷術を発明したとき、書物の大量生産は潜在的可能性を獲得し、いまからちょうど一世紀まえ、世界のおもな文明国で義務教育制度が採用されたとき、書物の大量需要の潜在性が形成された。この二つの潜在性がはげしく現実化したのが現代である。

いまや、書物によって視野を拡大し、変りゆく世界に豊かに対応しようとする強い要求を私たちは抑えることができない。この要求にこたえる義務を、今日の書物は背負っている。だが、その義務は、たんに専門的知識の通俗化をはかることによって果たされるものでもなく、通俗的好奇心にうったえて、いたずらに発行部数の巨大さを誇ることによって果たされるものでもない。現代を真摯に生きようとする読者に、真に知るに価いする知識だけを選びだして提供すること、これが中公新書の最大の目標である。

私たちは、知識として錯覚しているものによってしばしば動かされ、裏切られる。私たちは、作為によってあたえられた知識のうえに生きることがあまりに多く、ゆるぎない事実を通して思索することがあまりにすくない。中公新書が、その一貫した特色として自らに課すものは、この事実のみの持つ無条件の説得力を発揮させることである。現代にあらたな意味を投げかけるべく待機している過去の歴史的事実もまた、中公新書によって数多く発掘されるであろう。

中公新書は、現代を自らの眼で見つめようとする、逞しい知的な読者の活力となることを欲している。

一九六二年一一月

中公新書

日本史

d 1

2189 歴史の愉しみ方　磯田道史
2455 日本史の内幕　磯田道史
2295 天災から日本史を読みなおす　磯田道史
2729 日本史を暴く　磯田道史
2579 米の日本史　佐藤洋一郎
2389 通貨の日本史　高木久史
2321 道路の日本史　武部健一
2494 温泉の日本史　石川理夫
2671 親孝行の日本史　勝又基
2500 日本史の論点　中公新書編集部編
1617 歴代天皇総覧（増補版）　笠原英彦
2302 日本人にとって聖なるものとは何か　上野誠
2619 もののけの日本史　小山聡子
1928 物語 京都の歴史　脇田修 脇田晴子
2345 京都の神社と祭り　本多健一

2654 日本の先史時代　藤尾慎一郎
2709 縄文人と弥生人　坂野徹
482 倭国　岡田英弘
147 騎馬民族国家（改版）　江上波夫
2164 魏志倭人伝の謎を解く　渡邉義浩
1085 古代朝鮮と倭族　鳥越憲三郎
2533 古代日中関係史　河上麻由子
2470 倭の五王　河内春人
2462 大嘗祭―天皇制と日本文化の源流　工藤隆
2095 『古事記』神話の謎を解く　西條勉
1502 日本書紀の謎を解く　森博達
2362 六国史《りっこくし》―日本書紀に始まる古代の「正史」　遠藤慶太
2673 国造―大和政権と地方豪族　篠川賢
804 蝦夷《えみし》　高橋崇
1041 蝦夷《えみし》の末裔　高橋崇
2699 大化改新（新版）　遠山美都男
1293 壬申の乱　遠山美都男

2636 古代日本の官僚　虎尾達哉
1568 天皇誕生　遠山美都男
2371 カラー版 古代飛鳥を歩く　千田稔
2168 飛鳥の木簡―古代史の新たな解明　市大樹
2353 蘇我氏―古代豪族の興亡　倉本一宏
2464 藤原氏―権力中枢の一族　倉本一宏
2563 持統天皇　瀧浪貞子
2725 奈良時代　木本好信
2457 光明皇后　瀧浪貞子
2648 藤原仲麻呂　仁藤敦史
2452 斎宮―伊勢斎王たちの生きた古代史　榎村寛之
2441 大伴家持　藤井一二
2559 菅原道真　滝川幸司
2281 怨霊とは何か　山田雄司
2662 荘園　伊藤俊一

日本史

d2

- 2127 河内源氏　元木泰雄
- 2573 公家源氏—王権を支えた名族　倉本一宏
- 2705 平氏—公家の盛衰、武家の興亡　倉本一宏
- 2655 刀伊の入寇　関　幸彦
- 1622 奥州藤原氏　高橋　崇
- 1867 院　政（増補版）　美川　圭
- 608 613 中世の風景（上下）　阿部謹也・網野善彦・石井　進・樺山紘一
- 1503 古文書返却の旅　網野善彦
- 1392 中世都市鎌倉を歩く　松尾剛次
- 2336 源頼政と木曽義仲　永井　晋
- 2526 源　頼朝　元木泰雄
- 2678 北条義時　岩田慎平
- 2517 承久の乱　坂井孝一
- 2761 御成敗式目　佐藤雄基
- 2461 蒙古襲来と神風　服部英雄

- 2653 中先代の乱　鈴木由美
- 2601 北朝の天皇　石原比伊呂
- 2463 兼好法師　小川剛生
- 2443 観応《かんのう》の擾乱《じょうらん》　亀田俊和
- 2179 足利義満　小川剛生
- 978 室町の王権　今谷　明
- 2401 応仁の乱　呉座勇一
- 2058 日本神判史　清水克行
- 2139 贈与の歴史学　桜井英治
- 2481 戦国日本と大航海時代　平川　新
- 2688 戦国日本の軍事革命　藤田達生
- 2343 戦国武将の実力　小和田哲男
- 2084 戦国武将の手紙を読む　小和田哲男
- 2593 戦国武将の叡智　小和田哲男
- 1213 流浪の戦国貴族 近衛前久　谷口研語
- 2665 三好一族—戦国最初の「天下人」　天野忠幸
- 1625 織田信長合戦全録　谷口克広

- 1782 信長軍の司令官　谷口克広
- 1907 信長と消えた家臣たち　谷口克広
- 1453 信長の親衛隊　谷口克広
- 2421 織田信長の家臣団—派閥と人間関係　和田裕弘
- 2503 信長公記《しんちょうこうき》—戦国覇者の一級史料　和田裕弘
- 2555 織田信忠—天下人の嫡男　和田裕弘
- 2645 天正伊賀の乱　和田裕弘
- 2758 柴田勝家　和田裕弘
- 2622 明智光秀　福島克彦
- 784 豊臣秀吉　小和田哲男
- 2265 天下統一　藤田達生
- 2357 古田織部　諏訪勝則
- 2767 足利将軍たちの戦国乱世　山田康弘

中公新書

政治・法律

108 国際政治(改版) 高坂正堯
1686 国際政治とは何か 中西寛
2190 国際秩序 細谷雄一
1899 国連の政治力学 北岡伸一
2574 戦争とは何か 多湖淳
2652 戦争はいかに終結したか 千々和泰明
2697 戦後日本の安全保障 千々和泰明
2621 リベラルとは何か 田中拓道
2410 ポピュリズムとは何か 水島治郎
2207 平和主義とは何か 松元雅和
2576 内戦と和平 東大作
2195 入門 人間の安全保障(増補版) 長有紀枝
2394 難民問題 墓田桂
2629 ロヒンギャ危機―「民族浄化」の真相 中西嘉宏
2133 文化と外交 渡辺靖

113 日本の外交 入江昭
1000 新・日本の外交 入江昭
2402 現代日本外交史 宮城大蔵
2611 アメリカの政党政治 岡山裕
1272 アメリカ海兵隊 野中郁次郎
2650 米中対立 佐橋亮
2405 欧州複合危機 遠藤乾
2568 中国の行動原理 益尾知佐子
2734 新興国は世界を変えるか 恒川惠市
700 戦略的思考とは何か(改版) 岡崎久彦
2215 戦略論の名著 野中郁次郎編著
721 地政学入門(改版) 曽村保信
2566 海の地政学 竹田いさみ
2722 陰謀論 秦正樹
2532 シンクタンクとは何か 船橋洋一